„Dann müsste uns schon das Gefühl für ‚Rassenanstand' davor bewahren, unseres Gleichen in Thiergärten sehen zu lassen."

(„J. K." in Magdeburger Zeitung v. 21.10.1880)

Hartmut Lutz mit Kathrin Gollmuß
und Greifswalder Studierenden (Herausgeber)

Abraham Ulrikab im Zoo

Tagebuch eines Inuk 1880/1881

vdL:Verlag

Abraham Ulrikab im Zoo
Tagebuch eines Inuk 1880/81

Herausgegeben von Hartmut Lutz mit Kathrin Grollmuß
und Greifswalder Studierenden

vdL:Verlag, M.u.H. von der Linden GbR
Werftstr. 12–14, D-46483 Wesel, www.vonderlinden.de

Verkehrsnummer: 12455
ISBN 978–3–926308–10–8

Text und Übersetzung: Hartmut Lutz mit Kathrin Grollmuß
und Greifswalder Studierenden
Fotos: Hans-Ludwig Blohm, Dr. Denis St-Onge oc,
Kenn Harper Collection, Unitätsarchiv Herrnhut, Tierpark Hagenbeck,
Museum für Völkerkunde Hamburg
Umschlag: Albertine von Barsewisch
unter Verwendung einer Zeichnung von Alotook Ipellie
Zeichnung und Vorwort: Alotook Ipellie
Lektorat: Ragnhild von der Linden
Layout: Albertine von Barsewisch

Druck: Bercker Graphischer Betrieb GmbH & Co. KG, Kevelaer
Printed in Germany

Hinweise:
2005 erschien in Kanada in englischer Sprache *The Diary of Abraham Ulrikab*, ©University of Ottawa Press, Ottawa-Ontario;
Herausgeber und Übersetzer: Hartmut Lutz;
Vorwort und Umschlag: Alotook Ipellie;
Fotos: Hans-Ludwig Blohm

Die Herausgeber verzichten zu Gunsten der Marge and Howard Adams Scholarship for Native Students, University of Saskatchewan, Canada, auf ihr Honorar.

Inhalt

Vorwort 9

Einführung 13

Abrahams Tagebuch 22

Zeitdokumente 46

Abrahams Tagebuch als Inuit Autobiographie 104

Die deutschen Kontexte 112

Glossar 127

Nachwort und Dank 135

Literaturverzeichnis 144

Hebron, Labrador, heute (Fotos) 151

Vorwort
von Alootook Ipellie

Ende Januar 1992 wurde Iyola Kingwatsiak, ein inuker Schnitzer aus Cape Dorset/Nunavut eingeladen, an einer Tagung über die Kunst der Inuit in der McMichael Canadian Collection in Kleinburg, Ontario teilzunehmen.

Kurz nach dieser Tagung, in der Frühjahrsausgabe 1992 des *Inuit Art Quarterly Magazins*, wurde er gefragt: „Was dachten Sie über Ihre Teilnahme an der McMichael Tagung?" Er antwortete: „Ich habe es genossen, dort zu sein. Das Problem allerdings war, dass wir wie Ausstellungsgegenstände in einer Schaufenstervitrine herumsaßen. Die Nicht-Inuit auf der Tagung sprachen viel über ihr eigenes Leben und wie sie wie die Inuit lebten. Sie gaben uns jedoch nie die Chance selbst zu sprechen oder fragten uns über unsere Arbeit. Die Weißen gaben – wie schon seit jeher – den Ton an. Sie halten sich für Experten, die alles über die Inuit wissen. Das war schon immer so. Ich denke, dass die Weißen lieber uns Inuit fragen sollten, was wir denken als die Nicht-Inuit zu Gesprächen über ihre Kindheit in unserer Heimat anzuregen. Während ich dort war, bestand mein einziger Beitrag aus ein paar Druckarbeiten. Aber wieder gaben uns die Leute, die die Tagung organisierten, keine Chance etwas zu sagen oder auf eventuelle Fragen der Leute einzugehen." Auf die folgende Frage „Glauben Sie, dass Sie nur dort waren, damit die Leute Sie anschauen konnten?" antwortete Kingwatsiak: „Diesbezüglich haben Sie recht. Wir sind einfach nur wie ein Teil der Ausstellung. Sie behandeln uns wie Schnitzereien. Die Weißen schienen nie wirklich daran interessiert zu sein, mit uns zu reden. Wir arbeiten hart, um mit unserer Kunst über die Runden zu kommen, und niemand fragte uns, wie wir unsere Schnitzereien und Drucke anfertigen und welche Werkzeuge und Gegenstände wir benutzen."

Im Herbst des Jahres 1880 kamen acht Inuit aus Labrador nach Deutschland, welche von Johan Adrian Jacobsen im Namen seines Auftraggebers, Carl Hagenbeck, dem Besitzer von Hagenbecks Thierpark in Hamburg, rekrutiert worden waren. Laut den Unitätsbrüdern in Labrador waren die Inuit „nicht in der Lage sich Herrn Jacobsen zu widersetzen ... und wie wilde Tiere in Europa ausgestellt zu werden, um Geld zu verdienen ..." mit „einem versprochenen täglichen Verdienst von drei Schilling pro Mann, zwei Schilling pro Frau und einem Schilling pro Kind ... das Verlangen nach der europäischen Pracht ist zu stark ..."

Den ganzen Sommer lang hatte Jacobsen die Küstenlinien von Westgrönland und den Cumberland Sund vor den South Baffin Inseln bereist, bevor er auf der Suche nach den so genannten „exotischen" Völkern, die immer noch ihre traditionelle Kultur sowohl auf See als auch an Land pflegten, in Hebron/Labrador ankam. Sein Hauptziel bestand darin, „Eskimos" für seine „Völkerschauen" zu rekrutieren. Drei Jahre zuvor (1877) hatte Hagenbeck erfolgreich eine Gruppe Inuit aus Grönland ausgestellt. Nun wollte er diesen Erfolg mit Abraham und den anderen sieben Inuit im Gefolge – bestehend aus Abrahams Familie mit ihren fünf bekehrten Mitgliedern sowie der dreiköpfigen heidnisch-schamanischen Familie von Terrianiak – gerne wiederholen.

Die Reise von Labrador nach Europa über den Atlantik muss sehr seltsam gewesen sein. Die Leben der beiden Gruppen waren vorher nicht miteinander verknüpft, da ihr Schicksal ihnen verschiedene Wege wies: Die eine Familie, fromme Christen, die täglich beteten und ihr Geschick in die Hand Gottes legten; die andere, „Heiden", welche sehr mit der Natur verbunden waren und ihre „Magie" bis zum Ende praktizierten. Aber alle steuerten gen Europa aus einem gemeinsamen Grund: Sie waren von Hagenbeck als lebende menschliche Ausstellungsstücke angeworben worden, um dem Publikum, klein oder groß, in verschiedenen europäischen Städten ihre Überlebenstechniken als „primitive" Jäger und Sammler auf arktischem Boden und Wasser zu demonstrieren.

Sie waren es leid, hoch verschuldet zu sein und in großer Armut zu leben. Die Reise nach Europa verhieß ihnen die Möglichkeit eines finanziellen Gewinns, der mit Sicherheit ihre missliche Lage auf jener Seite des Atlantiks auslöschen würde. Es schien ihnen eine win-win-Situation und so gingen sie leichten Fußes mit aufmunterndem Optimismus in ihren Herzen an Bord des Schiffes.

Beim Lesen des Inhalts von Abrahams Tagebuch und den Briefen, welche auf den folgenden Seiten veröffentlicht sind, hat man Mitleid mit dem Autor. Er und seine Mitreisenden müssen emotional unendlich viel durchgemacht haben; von dem Tag an, als sie sich entschieden, Jacobsen auf seiner Reise nach Europa zu begleiten und während der fünf Monate Ausstellung, bis hin zu dem Augenblick als sie ihre Augen ein letztes Mal schlossen aufgrund der verheerenden Wirkung der Pocken, mit denen sie sich alle innerhalb von Tagen einer nach dem anderen gegenseitig ansteckten.

Iyola Kingwatsiak sagte: „Ich fand es schön, dort zu sein, aber das Problem war, dass wir dort wie die Kunstobjekte in einem Schaukasten saßen." All die Jahre nach Abrahams Tod hat sich in der menschlichen Stellung seines Volkes in den Augen der so genannten „zivilisierten" Welt nichts Grundlegendes verändert. Ob in einem Zoo ausgestellt oder in einer Kunstgalerie, Inuit werden immer noch als exotische Exemplare behandelt.

Einführung

von Hartmut Lutz mit Renate Jütting und Ruth Bradley-St-Cyr

Am 8. August 1880 segelte der Schoner Eisbär in den Hafen der Missionsstation der Brüdergemeine Hebron an der Küste Nordlabradors. Der Schiffseigner war Johan Adrian Jacobsen (1853–1947), ein norwegischer Seefahrer, der ethnographische Artefakte und ‚Menschenexemplare' sammelte und mit ihnen handelte. Er reiste für Carl Hagenbeck, den Gründer und Eigentümer von „Hagenbecks Thierpark". Dies war nicht Jacobsens erste Reise über den Nordatlantik. Drei Jahre zuvor hatte er Grönland besucht, um von dort, mit dem Einverständnis der Dänischen Behörden, eine Gruppe von Inuit anzuwerben, zu impfen und dann samt ihrer Habe nach Hamburg zu transportieren, wo sie ausgestellt wurden und den Tausenden von Zoobesuchern Seehundjagden und Schlittenfahrten vorführten. Im Mai des folgenden Jahres, nachdem „Hagenbecks Eskimos" und ihre Artefakte in Paris, Brüssel, Köln, Berlin, Dresden und Kopenhagen ausgestellt worden waren, kehrten sie – kerngesund und mit einem Verdienst von insgesamt 600 Kronen – in ihre grönländische Heimat zurück.

Carl Hagenbeck,
Tierpark Hagenbeck

Johann A. Jacobsen,
Museum für Völkerkunde Hamburg

Im Gegensatz dazu hatte Jacobsens Reise 1880 mit Problemen und Enttäuschungen begonnen. In der Nordsee hatte heftiger Gegenwind sein Vorwärtskommen verhindert. Dann traf das Schiff auf eine ungewöhnliche Flaute im Nordatlantik. In Grönland hatte die Dänische Botschaft es entschieden abgelehnt, auch nur einen Inuit mit Jacobsen gehen zu lassen; noch nicht einmal für seine wissenschaftlich-ethnographischen Zwecke. Die Frau, die mit ihm 1877 nach Europa gefahren war, „weinte jeden Tag", so Jacobsen, weil, „es ihr nicht erlaubt war, mitzukommen" und er verfluchte insgeheim die Dänen, weil sie die Inuit für ihre eigenen Zwecke dort behielten; nämlich damit sie weiter jagten. „Es ist eine Schande, dass jemand die Eskimos in derartiger Art und Weise tyrannisiert", beschwerte er sich. Das Bestmögliche was Jacobsen erreichte, war ein wenig Vorrat, zwei Kajaks und einige kränkliche Hunde zu bekommen, in der Hoffnung, woanders Inuit zu finden und mit ihnen nach Deutschland zu reisen.

Bedingt durch dickes Eis und häufigen Nebel scheiterten die Versuche des Schoners Eisbär, von Grönland Cumberland zu erreichen. Die Zeit wurde knapp. Als das Schiff Hebron erreichte, war Jacobsen verzweifelt. Sein Logbuch erzählt von diesen Ängsten:

> „Vom ersten Tag an als ich dieses Schiff betrat, hatte ich Sorgen wie nie zuvor [...] nun ist fast mein gesamter Mut verschwunden, meine Erwartungen geschrumpft [...] Zu meiner Heimkehr kann ich nur noch meinen Ruin erwarten". [1]

Beim Einlaufen in Hebron muss Jacobsen frustriert und damit noch gewillter gewesen sein, erfolgreich zurückzukehren. Aber selbst hier waren die deutschsprachigen Missionare, die ihn gastfreundlich aufnahmen, absolut dagegen, auch nur eines ihrer Schäfchen mit Jacobsen gehen zu lassen, um wie wilde Tiere ausgestellt oder der lauernden moralischen und seelischen Gefahren „außerhalb" der Mission in Europa ausgesetzt zu sein. ‚Eine solche Reise nach Europa zu unternehmen wird als Synonym für den Weg in ihre Zerstörung gesehen', „daß die Leute dadurch verdorben wird" beschwerte sich Jacobsen.

> „Es ist traurig, die Leute so sklavisch unterdrückt zu sehen, und noch mehr dass die Europäer ihren ... [ihre Macht demonstrieren]".

[1] Die folgenden Auszüge aus dem Tagebuch des *Johan Adrian Jacobsen* sind zitiert von Renate Jütting in ihrer unveröffentlichen Hausarbeit im Rahmen der ersten Staatsprüfung für das Lehramt Englisch an Realschulen. *Das Tagebuch des Abraham als Beispiel erster Inuit-Literatur*, Osnabrück 1991

Jacobsen schaffte es dennoch, einen 35-jährigen Inuit-Mann als Lotsen und Übersetzer anzuheuern: Abraham, Ehemann der 24-jährigen Ulrike, Vater der vierjährigen Sara und des Babys Maria.

Abraham Ulrikab (sein Nachname ist vom Namen seiner Frau abgeleitet) begleitete Jacobsen zum nördlichen Hudson-Bay-Company-Posten bei Nakvak, nördlich von Ramah. Er war ein sehr fähiger Mann, der von den Missionaren aufgrund seiner Wissbegier, seines Beitrages als Kirchenviolinist, seiner Schreibkunst, seiner Sprache, seiner Zeichenkünste und seiner Arbeitsmoral sehr geschätzt wurde. Abraham schuldete den Missionaren £10, hatte aber auf ihre Unterstützung durch die Armenkasse verzichtet. Daher brauchte er Geld.

In Nakvak gab es eine Siedlung mit „wilden Eskimos" (traditionelle Inuit, die sich der Christianisierung verweigerten). Als die Eisbär am 19. August in Nakvak ankam, hatten die kräftigsten Inuit Nakvak verlassen, um im Hinterland Karibus zu jagen und nur wenige Leute, meist Ältere und Kinder, waren zurückgeblieben. Mit Hilfe von Abrahams Überzeugungskraft jedoch gelang es Jacobsen, den Schamanen Terrianiak, der etwas über 40 war, seine Frau und ebenfalls Schamanin Paingo, deren Alter zwischen 30 und 50 angegeben wurde, sowie ihre sich im Teenager-Alter befindende Tochter Noggasak anzuwerben.

Nach diesem anfänglichen Erfolg ließ sich zudem Abraham von Mr. Ford, einem dort ansässigen Händler der Hudson-Bay-Company, überzeugen, sich den Missionaren zu widersetzen und Jacobsens Unternehmen anzuschließen. Also wurden bei ihrer Rückkehr alle Proteste der Missionare ignoriert und Abraham, Ulrike, Sara, Maria sowie Ulrikes Neffe Tobias gingen an Bord der Eisbär. Am 26. August setzte Jacobsen mit seinen acht inuken Gästen und vielen Artefakten, die er aus Grabstätten in der Nähe von Hebron entnommen hatte, die Segel gen Hamburg. Da es in Labrador keine Ärzte gab, musste er die Impfungen der Inuit auf die Ankunft in Deutschland verschieben. Dort wurde er krank und ins Krankenhaus eingeliefert, so dass die Impfung erneut verschoben wurde – eine fatale Unterlassung.

Die Überfahrt war hart für die Inuit, die an der Seekrankheit litten, besonders für die Kinder und ganz besonders für Noggasak. Als der Schoner in der Nähe der Elbmündung ankerte, die sie zu ihrem Ziel nach Hamburg bringen sollte, trieb ein heftiger Sturm das Schiff östlich in die seichten Gewässer der Provinz Schleswig und drohte, es auf Grund laufen zu lassen. Jacobsen, in seinem unsicheren Deutsch, erzählt in seinem Tagebuch, wie er plötzlich ein lautes Schreien vernahm, und daraufhin an Deck eilte in der Angst, jemand sei über Bord gegangen:

> „[...] hier bot sich mir ein gar wunderliches Schauspiel da. Der heidenische Eskimo Tiggianiak stand in der Schiefsbang, gestikulierte mit die Arme, und ausstíes das eine Geheule nach das andere – ich dachten erst das er plötzlich wahnsinnig geworden war. Wir standen alle um ihn herum und keiner wuste was wir mit ihm anfangen sollten, seine Stimme lauter durch Sturmes der in aus erste Lebensgefahr war.
> Dann traten eine von die andere Eskimo her und sagte wir sollten ihn nur in Ruhe lassen denn er zauberte jetzt und zwar guten Wind zu gleichen Zeit kam seine Frau und machte die wunderbarsten Gebärden mit ihren Händen. Nach dem er hatte seine Hexenformulare ausgeheult ging er ruhig in seine Luk af (Kajüte) mit der Verheisung dass wir bald guten Wind haben würden. Ein paar Stunden nachher hatten wir auch guten Wind, und Tiggianiak so heiser soll als ein großer Zauber in der Heimat bekannt sein, behauptete fest dass er selber geschafft habe (das heist dass er den Nordwind gerufen hatte)."

Nach ihrer Ankunft in Hamburg am 24. September wurde Jacobsen krank ins Krankenhaus eingeliefert und lag dort wochenlang mit Fieber und Durchfall im Bett. Hagenbeck stellte Adolph Schoepf aus Dresden an, der in Hamburg als Impresario arbeitete, um die Schauen zu organisieren und die Inuit zu begleiten. Zusätzlich wurde Frau Jacobs – die bereits so häufig die Hagenbecksche Truppe begleitet hatte, dass sie schon als „Ethnische Mutter" bekannt war – angestellt, um für sie zu kochen und die Wäsche zu machen. Die Angestellten

aus Labrador wurden in Hagenbecks Zoo ausgestellt, wo sie ihre Fähigkeiten wie z. B. Harpune werfen, Hundeschlitten und Kajak fahren, demonstrierten. Am 2. Oktober nahm die Gruppe den Nachtzug nach Berlin, wo sie bis zum 14. November im Zoo blieben. In jenem Jahr kam der Winter ungewöhnlich früh und die Inuit begannen an der feuchten Kälte zu leiden und laufende Nasen und Kopfschmerzen zu bekommen. Jacobsen, der sich etwas erholt hatte, schloss sich wieder der Gruppe an. Einmal jedoch peitschte er Tobias für ein uns nicht bekanntes Delikt aus. Die ganze Zeit über wurden die getaufte und die heidnische Inuit-Familie in voneinander getrennten Hütten gehalten, die ihre heimatlichen Erdhütten imitierten. Die Missionsbrüder hatten Jacobsen gebeten, die zwei Gruppen voneinander zu trennen, so dass ihre frisch zum Christentum konvertierten Novizen nicht durch Terrianiaks Heidentum verseucht und veranlasst würden, in ihren religiösen Vorstellungen rückfällig zu werden. Abgesehen davon erwartete die allgemeine Öffentlichkeit, und besonders die Anhänger der heranwachsenden Völkerkunde, dass die „zivilisierten" Christen aus Hebron ein überlegeneres Verhalten sowie einen höheren Grad an Kunstfertigkeit besäßen, welches sie den „wilden" Eskimos aus Nakvak überlegen machen würde.
Während ihres Aufenthaltes in Berlin hatten die Inuit viele Besucher, darunter einige, die Abraham und seiner Familie sehr willkommen waren, nämlich ihre Unitätsbrüder und -schwestern aus Deutschland.
Ebenso zogen sie das Interesse von Deutschlands führendem Arzt jener Zeit, Dr. Rudolph Virchow, an, der sie auch untersuchte. Er war zu dieser Zeit Vorsitzender der Berliner Gesellschaft für Ethnologie und versuchte die exakte „rassische Identität" der Inuit zwischen den „Mongolen" und den Grönländern zu ermitteln. Am 7. November hielt Dr. Virchow einen Vortrag über seine Forschungsergebnisse. Die Ausstellung der Inuit in Berlin wurde von ungefähr 16000 Menschen besucht.

Später begleitete Jacobsen seine Mündel nach Prag; damals Teil des Österreichisch-Ungarischen Reichs. Sie kamen am Abend des 15. November an. „In Prag waren unser Eskimo in Kaufmanns Menagerie", berichtete er. „Die Arbeidszeiten für die Eskimo waren von 11–12, 3–4 und 6–8 abens".

Die Gruppe blieb bis zum 29. November in Prag. Dann durchquerte sie den Südwesten Deutschlands und reiste nach Frankfurt (vom 30. November bis zum 12. Dezember) sowie in das benachbarte Darmstadt, wo sie nur geplante drei Tage verbringen sollten. Der Aufenthalt wurde allerdings verlängert, als Noggasak am 14. Dezember starb. Die Ärzte hatten es die ganze Zeit über versäumt, ihre Symptome als Pocken zu diagnostizieren, sondern führten ihre Krankheit auf „ein plötzliches Magengeschwür" zurück.

Einen Tag nach Noggasaks Begräbnis am 16. Dezember wurde die Gruppe Richtung Norden, nach Krefeld am Niederrhein (vom 17. bis 28. Dezember) gebracht. Die Woche vor Weihnachten war durchgängig verregnet und deprimierend, aber die Europäer versuchten die Inuit mit einer Weihnachtsfeier aufzumuntern. Jacobsen war für die Details zuständig:

> „Freitag den 24 Weinackts-Aben. Hatte Auftrag von Herrn Hagenbeck diverse Weinacktsgschenke für die Eskimo einzukaufen. Den Resturations-Saal Wurde uns Uberlassen und dort Mackten wir ein hübscher Weinackts-Baum zurechte. nachdem alles Fertig war, liesen wir die Eskimo kommen. Sie freuten sich recht Herzlich sowohl über den Baum als über die Geschencke (Die selbe bestanden in Unterhosen, Hemdlein und für Abraham 1 Geige und Tobias ein Gitar […] ebenso erhalte ein Jeder Familie eine Groses Gruppen-Bild, Wilche in Prag photographiert wurde.) Wir liesen Wein kommen und waren beisammen bis 11 Uhr Abens – nicht Ahnend Wilche Grausamme Schicksals Schlage uns alle befürstand." [2]

Am Weihnachtstage schlug das Schicksal dann zu. Paingo wurde plötzlich krank. Ihre Symptome waren dieselben wie bei Noggasak. Jacobsen schreibt, dass sie einen Arzt kommen ließen, der ihnen ver-

[2] Jacobsen, Tagebuch, zitiert aus Thode-Arorora, Hilke „Das Eskimo-Tagebuch von 1880: Eine Völkerschau aus der Sicht eines Teilnehmers" in *Kea. Zeitschrift für Kulturwissenschaften*. Nr. 2 (1991), 100.

sicherte, es handele sich nur um Rheumatismus, so dass sie beruhigt waren. Einen Tag später wurde die kleine Sarah krank und beschwerte sich über Kälte und Übelkeit. Tags darauf starb Paingo. Jacobsen war erstaunt über den Verlauf des Ereignisses, denn er schrieb: „Wir standen alle dabei. 10 Minutten fordem hat Sie den Artz untersuckt, und gab uns die versichrung das es nicht geferlich ist." [3]

Die niedergeschlagenen Hinterbliebenen nahmen den Zug nach Paris, wo sie am Silvesterabend von Saras Tod erfuhren. Am Neujahrsmorgen sorgte Jacobsen dafür, dass sie eine Pockenimpfung erhielten, aber sämtliche Präventivmaßnahmen kamen zu spät. Zwischen dem 7. und 16. Januar starben alle übrig gebliebenen Inuit in Paris – Maria am 7. Januar, Tobias und Terrianiak am 9. Januar, Abraham am 13. Januar und Ulrike am 16. Januar. Sie starben im St-Louis Krankenhaus, in das Jacobsen ebenfalls aufgrund einer erneuten Fieberattacke eingeliefert wurde. Jacobsen war am Boden zerstört und schrieb:

> „[...] sol ich indireckt schuld am Ihren tod sein? Muste ich grade die armen brawe Leute von Ihren Heimat führen am in ein fremd Erde Ihren Grab zu finden? O! Wie ist es alles ganz andres gekommen als ich gedackt hatten. es ging am anfang alles so schoin. Wir hatten uns erst jetzt kennen lernen und liebgewonnen." [4]

Wir wissen aus Jacobsens Tagebuch und Dr. Virchows Bericht, dass Noggasak in Darmstadt beerdigt wurde. Aber was geschah mit den anderen, die in Krefeld und Paris starben? Die Krankenhausbestatter in Paris werden die Körper vermutlich kurz nach ihrem Tod beerdigt haben, aber ihre Begräbnisstätte ist unbekannt. Aus Jacobsens unveröffentlichtem Tagebuch erfuhren wir, dass die Ärzte in Krefeld die Ursache für Paingos Tod herauszufinden versuchten und eine Autopsie an ihr vornahmen. Ihre Krankheit wurde zuerst dem Rheumatismus zugeschrieben. Aus unerfindlichen Gründen wurde Jacobsen Paingos Schädeldecke bei der Autopsie gegeben. Nachdem alle anderen Inuit gestorben waren, reichte er sie weiter an einen Professor des Pariser Museums.

[4] ebd., 106.

Die Geschichte der acht Inuit aus Labrador präsentiert eine von vielen beschämenden und deprimierenden Episoden der Kolonial- und Missionskontakte in Übersee im Europa des 19. Jahrhunderts. Sie ist bestimmt von wirtschaftlicher Gier und Ausbeutung, Unkenntnis und Vorurteilen, wissenschaftlicher und öffentlicher Neugier und von Grausamkeit und Rassismus. Aber es gab durchaus Beispiele christlicher Nächstenliebe und es gab auch Versuche, sowohl von den Inuit-Gästen als auch den europäischen Gastgebern, sich als zeitgenössische Wesen auf einer gleichgestellten Ebene zu treffen. Die Geschichte hätte vergessen sein können – wie so viele andere über Opfer von Kolonialismus und Rassismus – wenn nicht Abraham, vielleicht durch Jacobsens Tagebuch inspiriert, ein kurzes Tagebuch der Reise geführt hätte.

Leider ist der Originaltext in Inuktitut, der nach Hebron verschifft wurde, verloren gegangen. Wir wissen nicht einmal, ob Abraham in alter deutscher Schreibschrift, in lateinischen Buchstaben oder aber in Silben schrieb.

Es gibt jedoch eine 14-seitige handgeschriebene Übersetzung ins Deutsche von Bruder Kretschmer, einem Herrnhuter Unitätsbruder, der in Labrador als Missionar diente. Es gibt auch noch andere schriftliche Spuren: Einträge in Tagebücher der Brüdergemeine, Briefe zwischen den Missionaren der Brüderunität, Zeitungsartikel und Dr. Virchows wissenschaftliche Abhandlung, die im Folgenden zusammengeführt werden.

Hebron 1887, Unitätsarchiv der Evangelischen Brüder-Unität, Herrnhut

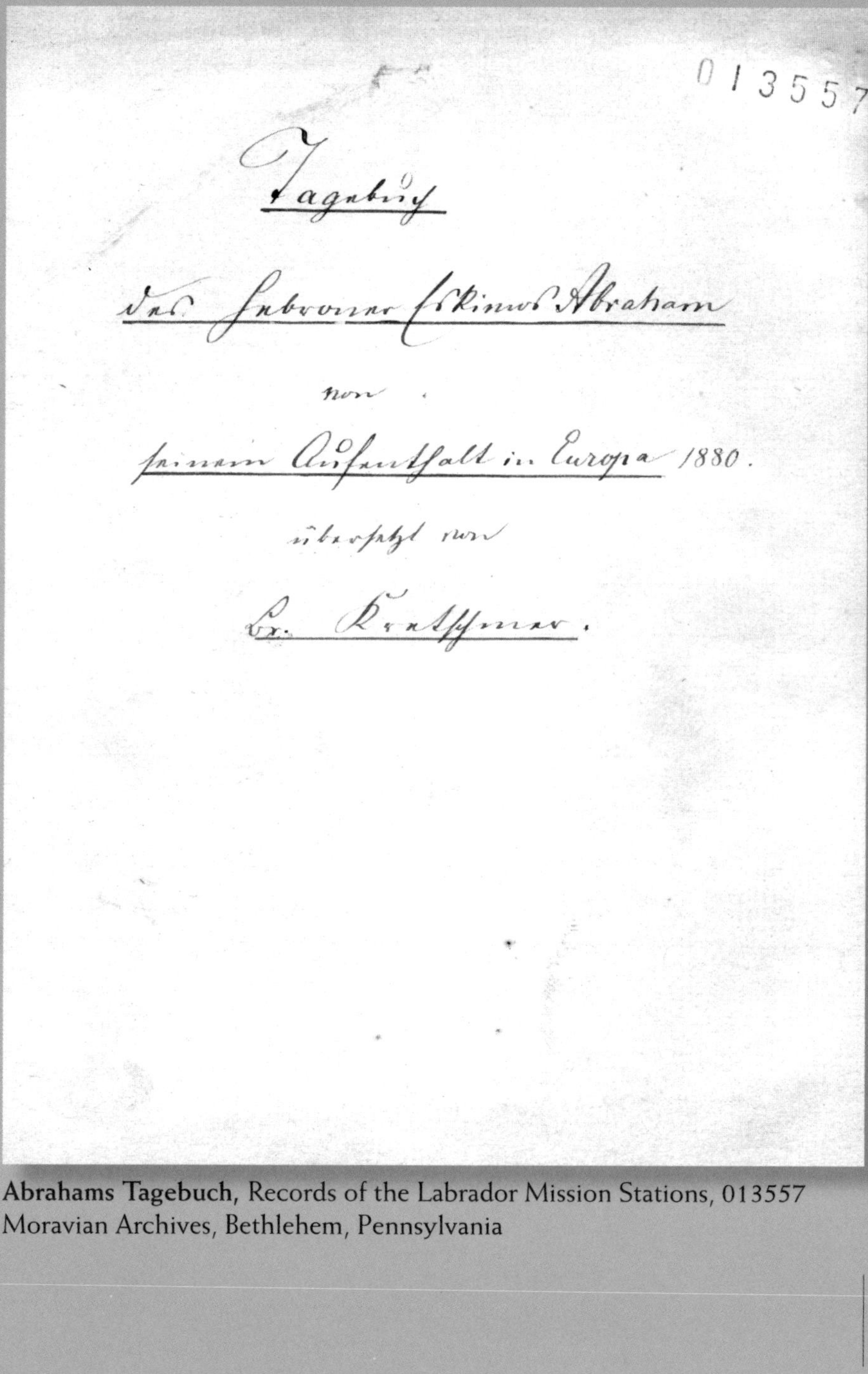

013557

Tagebuch

des Hebronner Eskimos Abraham

von

seinem Aufenthalt in Europa 1880.

übersetzt von

Br. Kretschmer.

Abrahams Tagebuch, Records of the Labrador Mission Stations, 013557
Moravian Archives, Bethlehem, Pennsylvania

Abraham, Portrait,
Aufn. J. M. Jacobsen, Hamburg-St.Pauli, für Carl Hagenbecks Thierpark aus Fotoalbum „Rama" v. Samuel Weisz, Unitätsarchiv der Evangelischen Brüder-Unität, Herrnhut

Auszug aus dem Missionsblatt der Brüdergemeine
No. 12, December 1880
Unitätsarchiv der Evangelischen Brüder-Unität, Herrnhut

„Mein lieber Lehrer Elsner!

Ich schreibe an Dich, weil ich Dir Folgendes gerne erzählen möchte. Wir sind wohl sehr groß betrübt. Als man mich nach Europa mitgehen hieß, habe ich es zuerst wohl völlig abgeschlagen; dann aber habe ich beständig zum Herrn gebetet, daß Er mich lehren möchte, ob es wirklich Irrthum sei, denn ich glaube allen Seinen Worten. Da ich aber sehr in äußerer Not war, flehte ich oft zum Herrn, mir aus derselben zu helfen und meine Seufzer zu erhören, denn ich vermochte nicht mehr, auch nur meine Angehörigen zu versorgen, was mir früher immer möglich war, selbst da ich noch nicht von Herzen an meinen Herrn und Heiland glaubte, der für mich gestorben ist. Auf verschiedene Weise wurden wir nun gelockt, aber sogar alles das beachte ich nicht. Da ich aber zweifeln mußte, meine und meines seligen Vaters Schulden durch Kajakfahren abzubezahlen, glaubte ich mir (bei dieser Gelegenheit) Geld sammeln zu können, um sie bezahlen zu können. Auch glaubte ich Euch sehen zu können. Da dachte ich: Unser Weg ist vom Herrn! Wir alle weinten viel, meine Frau, ich unsere Angehörigen; aber zurückhalten wollte uns Niemand[1]. So entschlossen wir uns vor dem Herrn. Nicht das wir unserer Lehrer müde gewesen wären, sondern der Schwere meiner Schulden wegen, deren ich noch über 100 Schillinge habe. Ich wollte nicht als Thörichter handeln, erinnerte mich aber, daß ich schon längst gewünscht habe, Europa und einige der dortigen Gemeinen zu sehen. Hier aber warte ich vergeblich, ob Jemand von Jesu sprechen möchte. Wir sahen bis jetzt nur Leichtsinnige in unserm Haus[2]. Wir beten, daß uns der Herr helfen wolle, hier und überall, wohin wir zur Schau reisen werden.

Ich ermahne meine Angehörigen, daß sie über dem Allen Jesum nicht hintansetzen möchten. Das haben wir nicht erwartet! Solcher

Folgende Fußnoten sind übernommen aus dem Missionsblatt, erstellt von den Missionaren:
[1] Wenn Abraham hier „Niemand" sagt, so kann er sich nur auf seine Angehörigen beziehen, denn die Missionare haben auf das Entschiedenste abgerathen und zurückgehalten.
[2] Offenbar ist dieser Brief vor dem Besuch der Berliner Brüder mit den Brüdern Kern und v. Dewitz geschrieben.

Leichtsinn ist nicht unser Vergnügen. Ich dachte, wir würden Dich sehr bald sehen ... Ein einziges Mal sind wir in der Kirche gewesen, in einer großen Gemeinde in Berlin[3]. Wir sind (daraufhin) bis in die Nacht hinein vergnügt gewesen; ja wir wollten gar nicht schlafen. Lange schien der Herr bei uns zu sein. Sogar als wir den langen Weg durch die Straßen gingen, haben wir nur Lobgesänge gesungen und uns verwundert. Es wurde uns klar, wie schön in unserm Lande für uns gesorgt wird, lang und groß sind die Wohltaten, die wir empfangen, ja fürwahr! Die Entfernung (von Labrador bis Europa) ist sehr groß. Wir hatten die Hoffnung wieder zu landen aufgegeben, denn obgleich der Wind beständig günstig war, waren wir doch 32 Tage auf der See. Das Land, welches wir zuerst sahen, hieß Faul (?). Nachher sahen wir wieder kein Land, so daß 32 Tage voll wurden.

Der Herr Hagenbeck hat uns viel Gutes gethan: er schaffte uns Betten und mir eine Geige und Noten. Wir werden nun an verschiedene Orte reisen; deshalb betet für uns, besonders wenn wir in katholischen Ländern sind[4]. Wir werden viel Heimweh haben. Wir reisen nach Dresden, Paris, England, Herrnhut, Petersburg und Wien, wenn es wahr ist, was sie sagen.[5]

[...]

Auf den Herrn will ich vertrauen hier in Europa, damit uns nichts Schlimmes begegnet; damit uns auch die bösen Menschen, die uns beständig umgeben, nichts anhaben können.

Die Frau unseres Nordländers ist krank, sogar sehr krank. Daß sie ein Haus für sich haben, ist uns sehr dankenswerth. Ihre Gewohnheiten gefallen uns nicht; beide treiben Zauberei. Ich sage ihnen wohl oft, sie möchten sich bekehren, es nutzt aber nichts. Ein böser Schnupfen kehrt bei ihnen immer wieder zurück. Medicin zu nehmen, weigern sie sich, sie hoffen von Zauberei Besserung. Wir leiden auch oft und sehr viel an Schnupfen, sind oft krank in Berlin und haben sehr groß Heimweh nach unserm Land, nach unseren Angehörigen und nach

[3] Worauf sich dieser Kirchenbesuch bezieht, ist unersichtlich. Später sind die Eskimogeschwister zweimal auf unserm Gemeinsaal gewesen.
[4] Es ist wohl kaum anzunehmen, daß der Aufenthalt in katholischen Gegenden ihnen gefährlicher sein wird, als der in protestantischen.
[5] Selbst wenn es wahr ist, werden die angegebenen Orte gewiß nicht in dieser Reihenfolge besucht werden.

unserer Kirche. Ja fürwahr, wir mußten durch Schaden klug werden. Fürchte nicht, daß ich (nach unserer Heimkehr) unseren Landsleuten nachtheilig sein werde. Das liegt fern von mir. Ich weiß schon jetzt um Vieles besser Bescheid; besonders auch, daß die Handelsartikel einen weiten Weg zu uns gebracht werden müssen, was sie ja vertheuern muß[6] und daß der Weg, den unsre Lehrer zu uns machen, sehr gefährlich ist. Ja, wir wundern uns, daß Lehrer nach uns verlangen; während wir schon die eine Seereise satt hatten, kommen sie zu uns armen Menschen!

[...]

Das Essen hier ist nicht schön. An hartem Brot leiden wir wohl keinen Mangel; auch Fische bekommen wir. Durch diese Fische stärken wir uns etwas.

Wir danken sehr groß, daß Du uns geschrieben hast. Leiblich fehlt uns gegenwärtig allen wohl nichts. Wir alle grüßen Dich, Deine Angehörigen und die Gläubigen bei Euch sehr. Wir sehen Euch beide im Geist noch, und meine Frau grüßt deine Frau Bertha noch sehr im Herrn. Wie immer es uns auch gehen mag, wo wir auch sein mögen, davonlaufen wollen wir nicht.

Abraham, der Ulrike Mann

[6] Es ist wohl das erste Mal, daß ein Eskimo zu dieser Erkenntnis kommt. Wenn er sie wirklich seinen Landleuten beizubringen vermag, wird vielleicht der unter ihnen sehr verbreiteten Unzufriedenheit etwas gesteuert werden.

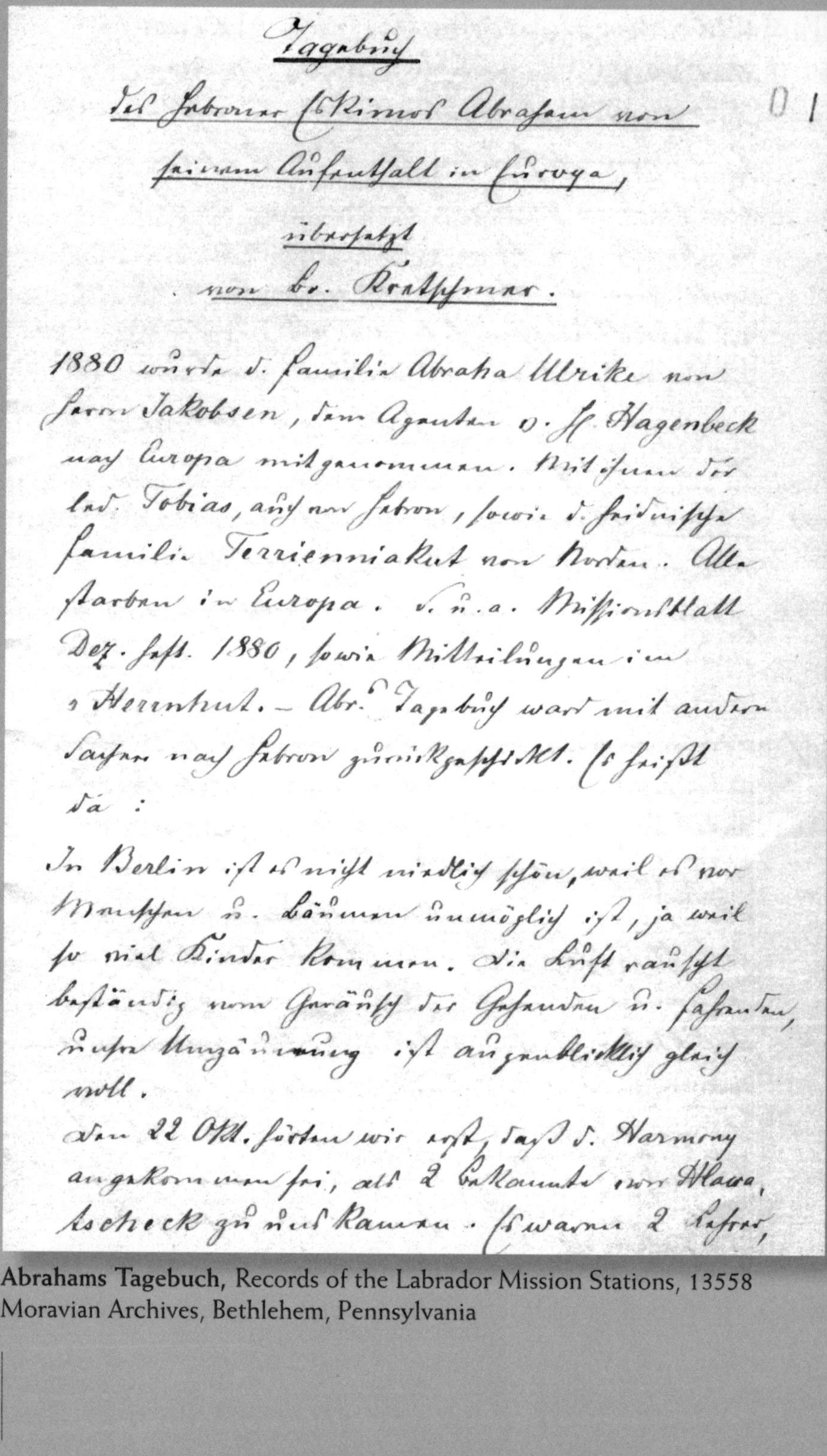

Tagebuch

des Hebroner Eskimos Abraham von seinem Aufenthalt in Europa,

übersetzt

von Br. Kretschmer.

01

1880 wurde d. Familie Abraham Ulrike von Herrn Jakobsen, dem Agenten v. H. Hagenbeck nach Europa mitgenommen. Mit ihnen der led. Tobias, auch von Hebron, sowie d. heidnische Familie Terrianniaket von Norden. Alle starben in Europa. S. u. a. Missionsblatt Dez. Heft. 1880, sowie Mitteilungen im s Herrnhut. – Abr.s Tagebuch ward mit andern Sachen nach Hebron zurückgeschickt. Es heißt da:

In Berlin ist es nicht wirklich schön, weil es vor Menschen u. Bäumen unmöglich ist, ja weil so viel Kinder kommen. Die Luft rauscht beständig vom Geräusch der Gehenden u. Fahrenden, unsere Umzäunung ist augenblicklich gleich voll.

Den 22 Okt. hörten wir erst, daß d. Harmony angekommen sei, als 2 bekannte von Altona, Tscheck zu uns kamen. Es waren 2 Lehrer,

Abrahams Tagebuch, Records of the Labrador Mission Stations, 13558 Moravian Archives, Bethlehem, Pennsylvania

Tagebuch des Hebroner Eskimos Abraham von seinem Aufenthalt in Europa 1880 übersetzt von Br. Kretschmer

1880 wurde d. Familie Abraham Ulrike von Herrn Jakobsen, dem Agenten v. H. Hagenbeck nach Europa mitgenommen. Mit ihnen d. led. Tobias, auch von Hebron, sowie d. heidnische Familie Tirrianniakat von Norden. Alle starben in Europa, v. u. a. Missionsblatt Dez. 1880, sowie Mitteilungen im Herrnhut. – Abr. Tagebuch ward mit anderen Sachen nach Hebron zurückgeschickt. Es heißt da:

In Berlin ist es nicht niedlich schön, weil es vor Menschen und Bäumen unmöglich ist, ja weil so viele Kinder kommen. Die Luft rauscht beständig vom Geräusch der Gehenden u. Fahrenden, unsre Umzäunung ist augenblicklich gleich voll.

Am 22. Okt. hörten wir erst, daß die Harmony angekommen sei, als 2 Bekannte von Hlawatscheck zu uns kamen. Es waren 2 Lehrer, u. freuten so als sie uns sahen, kannten uns gleich, u. nannten unsere Namen, hießen uns singen; u. weil wir allerlei nicht unwissend waren, so freuten sie s. groß, sogar dankten sie uns groß u. hießen uns in ihr Haus und ihre Kirche kommen. Wir wollen auch wohl, sind aber unvermögend, weil es zu viel Menschen hat. Ja auszugehen am Tage ist unmöglich vor Menschen, weil wir völlig von ihnen umgeben sind, von sehr verschiedenen Gesichtern.

<u>Okt. 23</u> schneite es immer fort, die Kablunat frieren sehr, sogar wir frieren sehr.

d. <u>25.</u> haben wir den Lehrer Kern gesehen u. einen von den <u>großen Lehrern</u> (Dewitz) welche Lehrer ausschicken.

d. <u>27.</u> Schnee u. Regen. Gestern am 26. sind wir in der Kirche gewesen, u. haben gemeinschaftlich gebetet u. gesungen. Wir sind

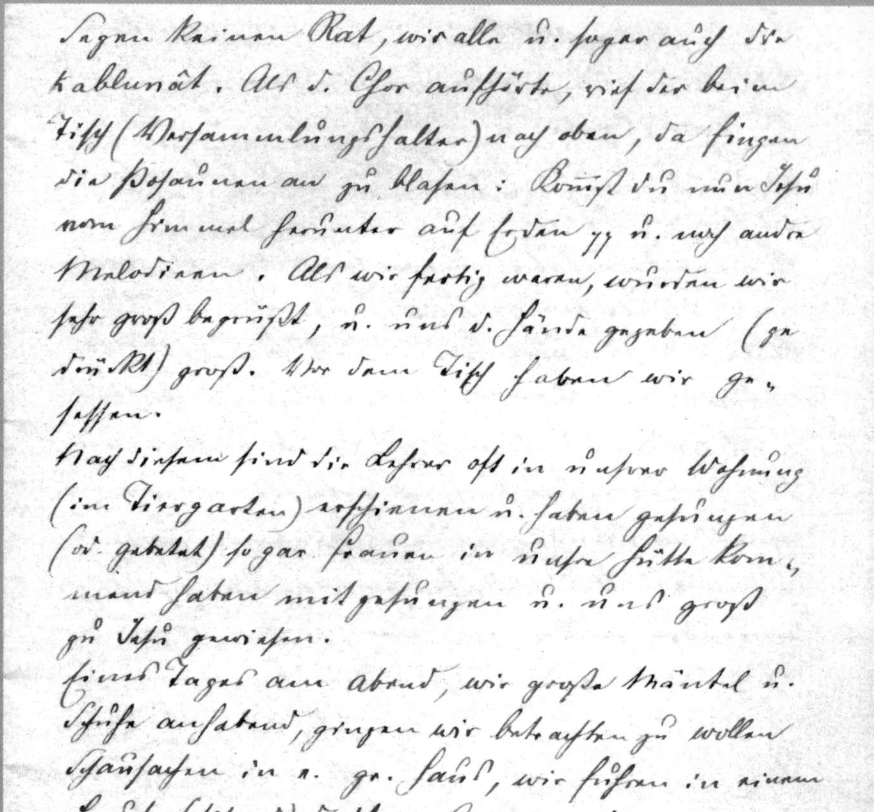
sagen keinen Rat, wie alle u. sogar auch die
kablunât. Als d. Chor aufhörte, rief der beim
Tisch (Versammlungshalter) nach oben, da fingen
die Posaunen an zu blasen: Kommst du nun Jesu
vom Himmel herunter auf Erden ?? u. noch andre
Melodieen. Als wir fertig waren, wurden wir
sehr gross begrüsst, u. uns d. Hände gegeben (ge-
drückt) gross. Bei dem Tisch haben wir ge-
sessen.
Nach diesem sind die Lehrer oft in unsere Wohnung
(im Tiergarten) erschienen u. haben gesungen
(od. gebetet) sogar Frauen in unsre Hütte kam-
men, haben mitgesungen u. uns gross
zu Jesu gewiesen.
Eines Tages am Abend, wir grosse Mäntel u.
Schuhe anhatten, gingen wir betrachten zu wollen
Schausachen in e. gr. Haus, wir fuhren in einem
Hause (sitzend) dorthin. Als wir ankamen, gin-
gen wir hinein, u. sahen viele Menschen ver-
sammelt, – aber – es waren nur menschen-
ähnliche Personen (im Wachsfigurenkabinett);
sie waren so sehr den Menschen ähnlich, dass nichts
zu merken war. Ja gewiss, sogar einige
holten Odem, u. einige bewegten sich, u. aller-
lei von innen, ja alles zu nennen ist un-
möglich. Auch Napoleons Wagen haben wir
gesehen, er ist ihm im Kriege entrissen wor-
den. Und allerlei Flinten, ja menschenähn-

Abrahams Tagebuch, Records of the Labrador Mission Stations, 13560
Moravian Archives, Bethlehem, Pennsylvania

alle sehr groß vergnügt (gesegnet) worden, auch unsere Kablunate alle, sehr groß sind wir durchdrungen worden. Wir Menschen haben in Mitten der Kirche miteinander gesungen: Jesu geh voran u. auch dann das Vater unser gebetet. Die Versammelten waren groß durchdrungen (erbaut) durch unsre Stimmen. Und wir wurden auch wieder fürbittend (dem Herrn) empfohlen. Und wieder hatte es einen Chorgesang: Wir stehen getrost auf Zion fest. Da wußten wir es uns vor Segen keinen Rat, wir alle und sogar auch die Kablunat. Als d. Chor aufhörte, rief der beim Tisch (Versammlungshalter) nach oben, da fingen die Posaunen an zu blasen; Kommst Du nun Jesu vom Himmel herunter auf Erden und noch andre Melodien. Als wir fertig waren wurden wir sehr groß begrüßt, u. uns d. Hände gegeben (gedrückt) groß. Vor dem Tisch haben wir gesessen. Nach diesem sind die Lehrer oft in unsrer Wohnung (im Tiergarten) erschienen u. haben gesungen (u. gebetet) sogar Frauen in unsre Hütte kommend haben mitgesungen u. uns groß zu Jesu gewiesen.

Ulrike mit Tochter Maria, Ganzfigur, Aufn. J.M. Jacobsen, Hamburg-St.Pauli, für Carl Hagenbecks Thierpark aus Fotoalbum „Rama" v. Samuel Weisz, Unitätsarchiv der Evangelischen Brüder-Unität, Herrnhut

Eines Tages am abend, wir große Mäntel u. Schuhe anhabend, gingen wir betrachten zu wollen Schausachen in e. gr. Haus, wir fuhren in einem Haus (sitzend) dorthin. Als wir ankamen, gingen wir hinein u. sahen viele Menschen versammelt, aber – es waren nur menschenähnliche Personen (im Wachsfigurenkabinett); sie waren so sehr den Menschen ähnlich, daß nichts zu merken war. Ja gewiß, sogar einige holten Odem, u. einige bewegten sich, u. allerlei von innen, ja alles zu nennen ist unmöglich. Auch Napoleons Wagen haben wir gesehen, er ist ihm im Kriege entrissen worden. Und allerlei Flinten, ja menschenähnliche, sehr verschiedene. Nubier, Afrikaner haben wir auch gesehen, u. Chinesen u. Inder u. Amerikaner u. Kalifornier, ja gewiß, die Bewohner der Welt, sehr viele haben wir gesehen in Berlin. Alle Sonntage hat es Geigenspiele gehabt vor uns, in einem großen Hause.

Terrianiak, Portrait
Aufn. J.M. Jacobsen, Hamburg-St.Pauli, für Carl Hagenbecks Thierpark aus Fotoalbum „Rama" v. Samuel Weisz, Unitätsarchiv der Evangelischen Brüder-Unität, Herrnhut

Unsere Mitmenschen, die Fuchsfamilie (Terrianiakut] hören auf vergnügt zu sein, weil sie müde sind der Leute. Und wir im andern Hause sind geduldig gewesen, obwohl wir auch groß müde sind. Beständig wenn es Abend ist, beten wir, um geholfen werden zu wollen. Dieses (unser Beten) scheint auch was auszurichten bei uns.
Durch einige Kablunat, durch Katholiken (?) werden wir zwar wohl verlacht, aber dieses hat uns noch nicht müde ge-

macht, weil ihre Seelen auch zum verlachen sind; sogar einigen, die über uns redeten, habe oft geantwortet, weil sie englisch reden konnten. Einige habe s. öfter über unsre Nordländer entsetzt. Ich habe beständig täglich Arbeit zu zeichnen Menschen, Labrador u. Nain.

d. 3. Nov. hörten wir, daß viele Schiffe bei Helgoland u. London untergegangen seien d. Sturm.

d. 7. Nov. haben wieder Betrübtes gehabt. Unser Gefährte, der led. Tobias wurde von unserm Herrn Jakobsen mit der Hundepeitsche gehauen. (Herr Jakobsen) war gleich sehr zornig, weil Tobias ihm immer nicht folge, wie er sagte; er hätte sich schon viel bei ihm eingebrockt. Beinahe ist er nicht genommen worden u. fortgeschickt. Wenn es Herr J. zweimal so macht, so werde ich nach England schreiben, weil ich so befohlen bin (?). Nachher war er sehr freundlich zu mir, damit ich dieses nicht schreibe. Sogar unsern beiden Frauen wurden seidne Bänder gekauft gleich. Wenn Tobias öfters widerspenstig ist, wird er keine Bezahlung haben, wenn er aber schön ist, wird er große Bezahlung haben. Nach diesem war Tobias schlecht krank.

Souvenirkarte Tobias, aus Kenn Harper Collection, mit freundlicher Genehmigung vo Kenn Harper

Der Teich, auf welchem wir Kajak fahren, ist sehr kalt, erst müssen wir immer das Eis wegmachen, ehe wir fahren können. Zuweilen hat es sogar große Kälte. Der Berliner ihre Eigentumstiere haben wir auch gesehen, Fische, 1 Seehund Netsek u. beinahe alle allerlei Wassertiere. Fleisch (Seehundsfleisch) vermissen wir sehr groß, laß sein, manches ist wohl nicht grade sehr gut, aber so essen wir meistens: früh Kaffee u. Schiffszwieback, Mittags Dorsche, Kartoffeln, Bier u. Schiffsbrod. Um 4 Kaffee u. Schiffsbrod. Um 6 Thee Häring, Bier u. Schiffsbrod.

Tobias, Abraham, Sara und Ulrike mit Maria,
Gruppenaufnahme
Aufn. J.M. Jacobsen, Hamburg-St.Pauli, für Carl Hagenbecks Thierpark aus Fotoalbum „Rama" v. Samuel Weisz, Unitätsarchiv der Evangelischen Brüder-Unität, Herrnhut

Die Kablunat (die Zuschauer) führen immer Gutschmeckendes mit sich, allerlei zum Kauen, was sie uns schenken, u. große Früchte, die sogar Saft haben (frisches Obst).

An manchen Tagen habe auch im Freien gegeigt, weil es die Kablunat so groß wünschten; laß sein, daß ichs auch nicht völlig gut kann, das macht ihnen nichts aus.Ich wurde beständig geheißen, meinen Namen zu schreiben, zuweilen waren der Stimmen sehr viele, einer nahm es immer dem andern weg; allen zu genügen war unmöglich, es waren zu viele.

d. 10. Nov. Es schneite groß sogar in Berlin.
Täglich hörten wir die Stimmen der Kanonen sehr stark sogar. Aber es ist hier sehr zum Kranksein durch großen Schnupfen; ich aber bin noch so weit wohl, obwohl ich den Schnupfen auch groß habe. Aber die Arbeit täglich ist schwer, aus Unwohlsein, weil unser Kind Sara krank, u. wir alle zu leiden haben, das ist gewißlich schwer, daß (Sara) muß allein bleiben, ist bedauerlich; sie ist wohl nicht unwillig, weil sie's schon versteht, daß es nicht anders sein kann.

Zuweilen wird uns Geld mitgeteilt von einigen zuweilen 2 pence, zuweilen 1 Mark, zuweilen 50 pence, manchmal 20 pence, auch Cigarren täglich.

Es ist gar zu lange bis übers Jahr, weil wir gerne schnell zurück kehren möchten in unser Land, weil wir's unvermögend sind, hier immer zu sein; ja gewiß, es ist unmöglich. Es braust u. dröhnt Tag u. Nacht durch das Gerassel der (Wagen) Schlitten, u. durch die beständigen gr. Stimmen der Dampfpfeifen.

Als wir reisten mit Dampf, waren wir schneller als Fliegende. Wir brauchten beständig (solche Plätze), welche gr. Herren zu brauchen pflegen. Der Zug war so lang, daß beide Enden sehr entfernt voneinander waren. Wir waren in der Mitte in einem schönen Hause (Eisenbahnwagen); die Fenster konnten wir nicht zumachen, um sehen zu wollen; hinauszugucken war unmöglich wegen Wind; meine Augen wurden schlecht u. geschwollen durch's sehen, obwohl ich nur wenig den Kopf hinausgesteckt.

[Während wir reisten hexte unser Landsmann Fuchs (Terrianiak) ganz außerordentlich, obwohl er im schönen Dampfwagen war, er war ganz betrübt durch hexen u. konnte niemand anlächeln, als wir ankamen.][1]

Sonnabends den 15. oder 16. Okt. kamen wir nach Berlin mit dem wundervollen Dampf. Nachts 9 Uhr fort von Hamburg, früh 6 Uhr

[1] Die [. . .] eingeklammerte Stelle hat Br. Kretschmer durchgestrichen, vielleicht im Blick auf d. Leser in Europa. Sie mag aber wohl so im Original stehen. (?)

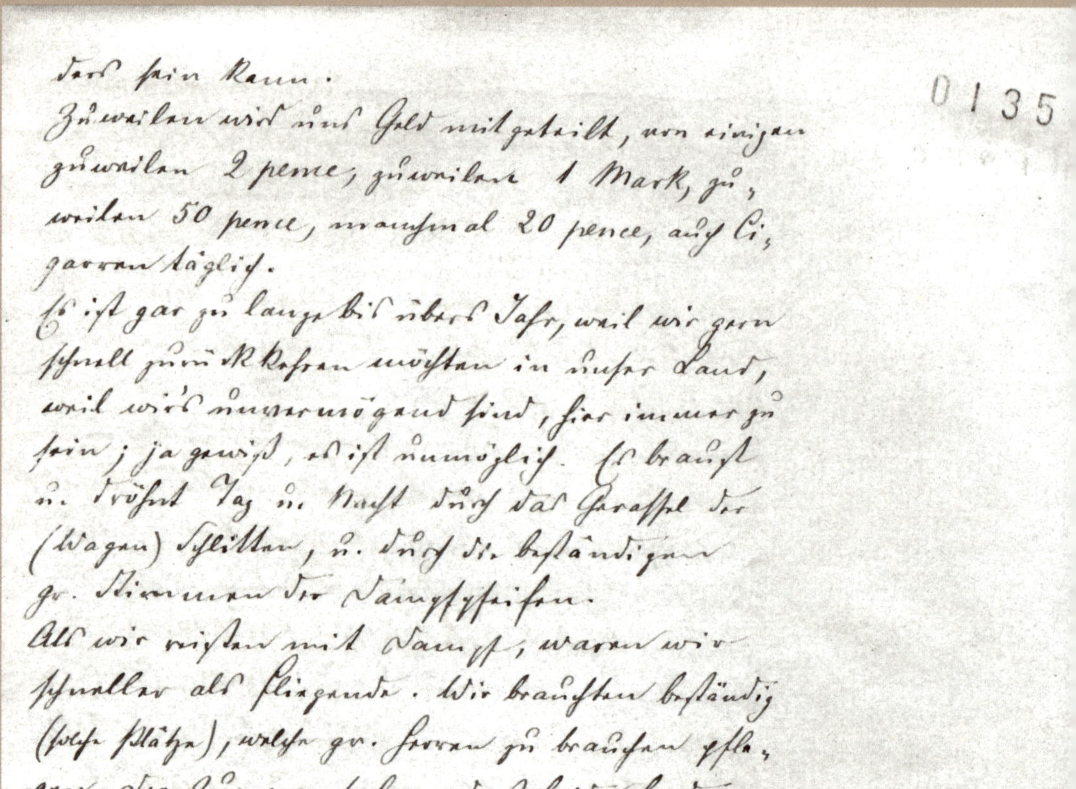
0135

das sein kann.
Zuweilen wird uns Geld mitgeteilt, von einigen zuweilen 2 pence, zuweilen 1 Mark, zuweilen 50 pence, manchmal 20 pence, auch Cigarren täglich.
Es ist gar zu lange bis übers Jahr, weil wir gern schnell zurück kehren möchten in unser Land, weil wir unvermögend sind, hier immer zu sein; ja gewiß, es ist unmöglich. Es braust u. dröhnt Tag u. Nacht durch das Geprassel der (Wagen) Schlitten, u. durch die beständigen gr. Stimmen der Dampfpfeifen.
Als wir reisten mit Dampf, waren wir schneller als fliegende. Wir brauchten beständig (solche Plätze), welche gr. Herren zu brauchen pflegen. Der Zug war so lang, daß beide Enden sehr entfernt von einander waren. Wir waren in der Mitte in einem schönen Hause (Eisenbahnwagen); die Fenster konnten wir nicht zumachen, um sehen zu wollen; hinauszugucken war unmöglich wegen Wind; meine Augen wurden schlecht u. geschwollen durchs sehen, obwohl ich nur wenig den Kopf hinausgesteckt. [Während wir reisten, sagte unser Landsmann sehr (Terrianiak) ganz außerordentlich, obwohl er im schönen Dampfwagen

Die untere eingeklammerte Stelle hat Br. Kretschmer durchgestrichen, vielleicht im Blick auf d. Leser in Europa. Sie mag aber wohl so im Original stehen. (?)

Abrahams Tagebuch, Records of the Labrador Mission Stations, 013564, Moravian Archives, Bethlehem, Pennsylvania

Familie Ulrikab und Tobias
Aufn. J. M. Jacobsen, Hamburg-St.Pauli, für Carl Hagenbecks Thierpark aus Fotoalbum „Rama" v. Samuel Weisz, Unitätsarchiv der Evangelischen Brüder-Unität, Herrnhut

kamen wir nach Berlin in unser Haus, das wir uns selber bauten; ein schönes Haus, obwohl nur von Brettern. Das Innere unsres Hauses zu kehren war fast unmöglich vor Menschen. Wenn sie auch unsere Herren hinausjagten, da kamen andre herein. Zwischen Bäumen haben wir ein Haus. In der Nähe ist ein Musikhaus, auch wieder zum verwundern. Unser Haus in Berlin wird sehr gewünscht zu sehen, es ist aber unmöglich von allen gesehen zu werden. Nur einige haben es gesehen,

Paingo, Portrait
Aufn. J. M. Jacobsen, Hamburg-St.Pauli, für Carl Hagenbecks Thierpark aus Fotoalbum „Rama" v. Samuel Weisz, Unitätsarchiv der Evangelischen Brüder-Unität, Herrnhut

unsre Herren waren sogar unwissend, ob wir jemand eingehen hießen (oder heißen würden). Als die Lehrer kamen, sind sie zum ersten mal eingegangen, aber nicht gleich, weils vor Menschen unmöglich war. Unsre Umzäunung wurde öfters zerbrochen durch das Gedränge der Menschen.

Eines Tages kam ein großer Herr von Berlin um zu sehen u. hatte noch viele Herren bei sich. Sie kamen in unsere Verzäunung sie alle, um unsre Kajake sehen zu wollen, aber da war gleich alles mit Menschen angefüllt, u. wohin zu gehen war unmöglich. Unsere beiden Herrn Schöpf und Jakobsen schmähten sehr mit gr. Stimme, u. der Soldaten Obersten welche gingen wohl hinaus, aber die meisten hatten keine Ohren. Da unsere beiden Herren nichts ausrichteten, kamen sie beide zu mir, u. schickten mich, daß ich sie hinaustriebe. Da habe gethan was ich konnte, ich meine Peitsche u. den grönländischen Seehundsstecher nehmend, machte mich fürchterlich; einer der Herren war wie ein Weinender, einige gaben mir schnell die Hand, als ich sie hinausjagte; einige gingen oder sprangen über den Zaun, weil ihrer so viele waren. Einige dankten mir, daß ich so that, u. unsere Herren auch dankten mir sehr. Unser Haus hatte die Ulrike auch von inwendig verschlossen u. den Eingang verstopft, daß niemand hineingehe, u. die zum Fenster hineinsehen wollenden wurden mit einem Stück Holz fortgestoßen.

Nov. 11. Wenig Menschen. Geld kriegten wir keins weil ihrer zu wenig waren.

Nov. 12. Habe ich Elsnere wieder gesehen, welcher (von Bremen) gekommen, um uns zu sehen. Er kam mit (Kaiser) Wilhelm seinem Lehrer (Hofprediger Stöcker) und noch einem. Sie beteten wegen uns, daß wir nicht vom Herrn abfallen u. verloren gehen möchten. Auch einige gläubige Frauen kamen in unsre Hütte u. sangen (oder beteten) sehr groß. Ja wirklich die Gläubigen hier in Deutschland haben wir zu unsern Geschwistern, sie hießen uns sogar Brüder u. Schwestern, sogar weinten sie vor uns, daß wir nicht möchten verloren gehen durch den Satan, sogar ehrfurchtsvoll knieten sie oft vor uns, uns grüßend stärkten sie uns oft groß; u. brachten uns oft gutschmeckende Eßsachen, u. dachten zugleich auch auf diese Weise unsern Seelen was Stärkendes mitzuteilen.

Esdraige (Oestreich)

Nov. 26 schreibe ich in Prag hier in der Ferne, in Oestreich, im Lande der Katholiken, in einer großen Stadt. Wir sind 2 Wochen hier, im Innern eines großen langen Hauses. Auszugehen ist unmöglich, damit wir nicht durch die Katholiken erwischt werden. Ja wirklich, wir werden groß wert gehalten, u. haben ein Haus in dem gr. Hause. Es hat auch einen von Holland gekommenen Seehund, zu unserer Eßsache, er darf aber nur mit dem Seehundsstecher geschossen werden. Aber bis jetzt habe ich noch wenige Gläubige gesehen, solche, die nicht von uns sind. Sie haben gesungen mit kleiner Stimme aus Scheu vor den Katholiken.

Auch wir nur allein mit kleiner Stimme können wir singen u. beten hier, um geholfen werden zu wollen durch den Herrn, damit uns nicht dh. die Katholiken was geschieht, weil sie beständig fragen, ob wir Gläubige sind, so sind wir zu leugnen unvermögend, u. bezeugen es beständig, u. erwarten nur, daß man uns was thun wird; ja gewiß, weil es hier zum Fürchten ist, so fühlen wir unser Geholfen werden groß.

Eines Tages nachmittags 4 Uhr kamen Soldaten unzählige, die gr. Wege (Straßen) waren ganz gefüllt. Sie trugen Feuer (Licht) so wie Laternen mit einem Stiel (Griff) versehen, auch die Pferde hatten Feuer. Die haben aber auch schön allerliebst zu hörende Stimme gemacht (Musik) mit Trompeten.

Nov. 27 Habe einen Seehund (Netsek) erworben in Prag in einem Teiche, während es ungeheuer viel Menschen hatte, ja wirklich un-

groß. Aber dort sind wir sehr oft Kajak ge-
fahren, sogar auf dem Teiche.
Von dort sind wir wieder fortgegangen in ei-
nem Schlitten mit Rädern u. Pferden in
der Nacht, wir alle, nach Darmstadt.
In Darmstadt haben wir ein schönes Haus gehabt
in einem schönen gr. runden Hause, welches
ein Spielplatz ist zum Schlittschuhlaufen mit Rä-
dern. Dort sind wir oft im Innern des Hauses
rings herum Schlitten gefahren, wir alle drauf
sitzend. Dort hörte eins von uns, Terrieniaks
Tochter, Nochasak, auf zu leben (starb) sehr schnell,
u. schrecklich groß leidend. Nach dieser, auf
einem andern Lande in Krefeld starb auch
ihre Mutter, auch groß leidend. Nach dieser
hörte auch die kl. Sara auf zu leben im
Leiden, an großem Ausschlag mit Geschwulst,
weil sie überall geschwollen war. Nach zwei
Tagen krank sein, starb sie in Krefeld.
Während sie noch lebte, wurde sie ins Kranken-
haus gebracht, wo ich mitging. Noch hatte
sie ihren Verstand, während ich dort war. Sie
hat noch hübsch gebetet das Lied: Ich bin ein
kleines Kindelein ff. Als ich wollte fort-
gehen, grüßte sie noch ihre Mutter u. kleine

Abrahams Tagebuch, Records of the Labrador Mission Stations, 013570
Moravian Archives, Bethlehem, Pennsylvania

zählige. Als ich ihn mit dem Seehundsstecher harpunirte, klatschten alle groß in die Hände, wie die Eidervögel. Als ich ihn fertig hatte (geschlachtet?) sangen die Stimmacher sehr groß mit Geigen, Trommeln, Trompeten u. Flöten; ja wirklich miteinander zu reden war unmöglich der vielen Stimmen wegen.

Von Prag sind wir wieder fortgegangen nach Frankfurt, wo es viele Menschen hat. Dort hatten wir 2 Häuser im Freien in einer Umzäunung. In unserm ganzen Dortsein wurden wir bewacht Tag u. Nacht von Soldaten, die sich ablösten. Es hat dort sehr viele Juden, die Katholiken werden dort sehr verachtet groß. Aber dort sind wir sehr oft Kajak gefahren, sogar auf dem Teiche. Von dort sind wir wieder fortgegangen in einem Schlitten mit Rädern u. Pferden in der Nacht, wir alle, nach Darmstadt.

In Darmstadt haben wir ein schönes Haus gehabt in einem schönen gr. runden Hause, welches ein Spielplatz ist zum Schlittschuhlaufen mit Rädern. Dort sind wir oft im Innern des Hauses rings herum Schlitten gefahren, wir alle drauf sitzend. Dort hörte eins von uns, Terrieniaks Tochter, Nochasak auf zu leben (starb) sehr schnell, u. schrecklich groß leidend. Nach dieser, auf einem andern Lande in Krefeld starb auch

Noggasak Portrait
Aufn. J. M. Jacobsen, Hamburg-St.Pauli, für Carl Hagenbecks Thierpark aus Fotoalbum „Rama" v. Samuel Weisz, Unitätsarchiv der Evangelischen Brüder-Unität, Herrnhut

ihre Mutter, auch groß leidend. Nach dieser hörte auch die kleine Sara auf zu leben im Frieden, an großem Ausschlag mit Geschwulst, weil sie überall geschwollen war. Nach zwei Tagen kranksein, starb sie in Krefeld.

Während sie noch lebte, wurde sie ins Krankenhaus gebracht, wo ich mit ging. Noch hatte sie ihren Verstand, während ich dort war. Sie hat noch hübsch gebetet das Lied: Ich bin ein kleines Kindelein. Als ich wollte fortgehen, grüßte sie noch ihre Mutter u. kleine Schwester. Als ich sie verließ, schlief sie, von da an ist sie nicht mehr aufgewacht; dieses haben wir beide zu gr. Dankursache gehabt. Während sie noch lebte, gingen wir fort nach Paris, u. sind den ganzen Tag u. die ganze Nacht hindurch gereist.

Abraham Ulrikab

Br. Kretschmer,
Unitätsarchiv der Evangelischen Brüder-Unität,
Herrnhut

Auszug aus dem Missionsblatt der Brüdergemeine
No. 3 1881
Unitätsarchiv der Evangelischen Brüder-Unität, Herrnhut

Paris, am 8. Januar 1881

Mein lieber Lehrer Elsner!

Ich schreibe an dich sehr niedergebeugt, und bin sogar sehr betrübt vor Dir, meiner Angehörigen wegen; denn unser Kind, das ich so sehr liebte, lebt auch nicht mehr; es ist an den bösen Pocken gestorben; nur 4 Tage nach der Erkrankung entschlief es. Meine Frau und ich werden durch den Tod des Kindes sehr daran erinnert, daß auch wir sterben müssen. Es starb in Krefeld, obgleich es viele Aerzte hatte. Diese richten in der That nichts aus; wollen vor allen andern Jesum zu unserm Arzt haben, der für uns gestorben ist. Mein lieber Lehrer Elsner! wir knieen alle Tage vor Ihm nieder, gebeugt unsers Hierseins wegen, und bitten Ihn, daß Er unsere Verirrung vergeben wolle; wir zweifeln auch nicht, daß uns der Herr erhören wird. Alle Tage weinen wir gemeinschaftlich, daß unsere Sünden weggethan werden mögen, durch unsern Herrn Jesum Christum. Sogar Terrianiak, der nun allein ist, wenn ich ihm sage, daß er sich bekehren solle, verlangt ein Eigenthum Jesu zu werden, aufrichtig, wie es scheint. Er nimmt an unsern Gebeten beständig Theil bis auf den heutigen Tag, so auch mein Kind Maria. Aber auch dessen Leben ist zweifelhaft, denn ihr Gesicht ist sehr geschwollen; auch Tobias ist krank; obgleich viele Aerzte kommen, richten sie doch nichts aus. Ich erinnere mich sehr daran, daß nur Einer helfen kann, wenn unsere Sterbezeit kommt, ja fürwahr! Er ist ja überall, wo wir auch sind. Ich wünsche mir wohl, meinen Angehörigen, die drüben sind, noch sagen zu können, wie freundlich der Herr ist; ja auch bei meiner Frau fließen die Thränen sehr leicht unserer Sünden wegen. Unser Vorgesetzter kauft wohl viele Medicin; dies alles richtet aber nicht aus; ich hoffe aber auf den Herrn, daß Er meine Gebete erhören und alle Thränen sammeln wird alle Tage. Nach irdischem Gut verlangt mich nicht; darnach aber verlangt mich: meine Angehörigen, die drüben sind, wiederzusehen, zu ihnen zu reden von dem Namen des Herrn, so lange ich lebe. Das habe ich vorher nicht begriffen; jetzt weiß ich es. Meine Thränen fallen schnell nieder, die Worte aber, die Er selbst geredet hat, trösten uns immer wieder sehr. Mein lieber Lehrer Elsner, betet für uns zum Herrn, daß die böse Krankheit bei uns aufhöre, wenn es Sein Wille ist; aber der Wille des Herrn geschehe! ich bin ein armer Mensch, der Staub ist.

Auch in Paris ist es kalt, sogar sehr kalt; aber unser Vorgesetzter ist jetzt sehr gütig gegen uns alle. Ich werde bald wieder schreiben. Ich grüße Euch, und meine Frau grüßt euch auch, die Ihr von der Gemeine in Bremen seid!

Ich bin
Abraham, der Ulrika Mann

Wenn Du an die großen Lehrer schreibst, so sage ihnen, daß wir sie sehr grüßen.
Der Herr sei mit Euch Allen! Amen.

Zeitdokumente

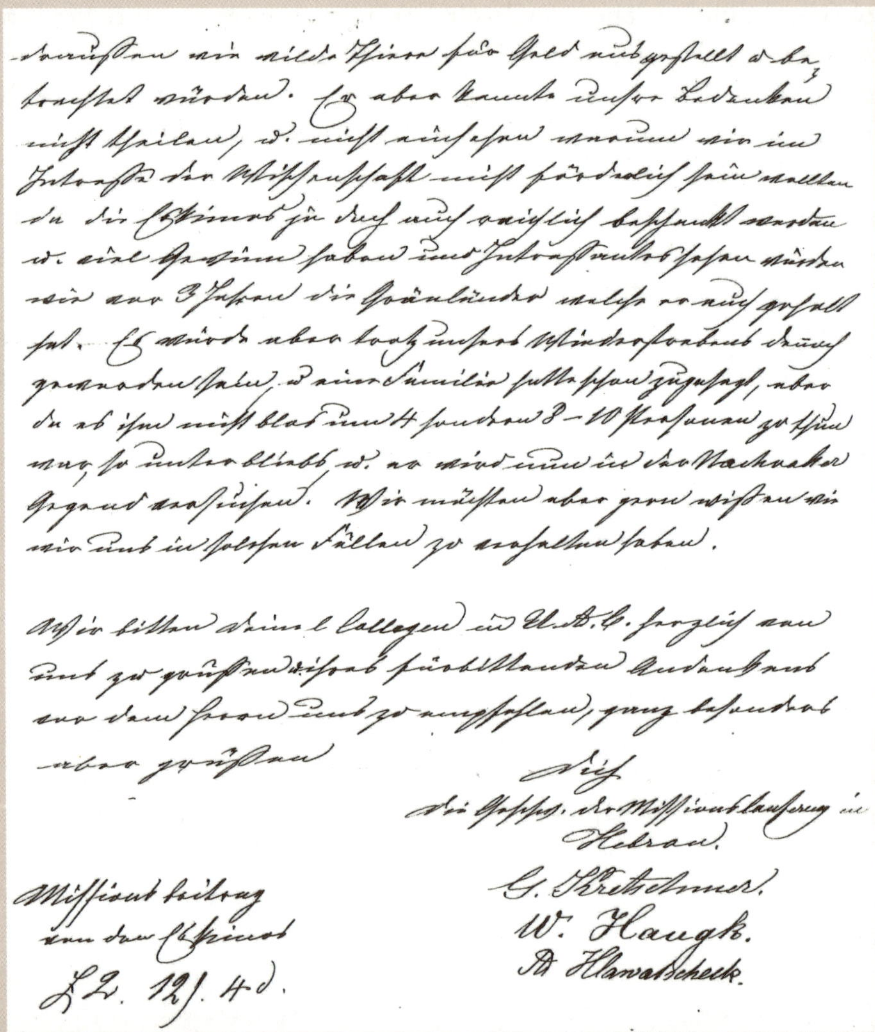

Die Geschw. der Missionskonferenz in Hebron.

G. Kretschmer.
W. Haugk.
A. Hlawatscheck.

Missionsbeitrag von den Eskimos £2. 12/. 4d.

Brief an die UAC von der Hebroner Konferenz 16.8.1880,
Unitätsarchiv der Evangelischen Brüder-Unität, Herrnhut

Brief an die UAC (Unitäts Ältesten Conferenz) von der Hebroner Conferenz 16.8.1880,
Unitätsarchiv der Evangelischen Brüder-Unität, Herrnhut

(...) am 10. Aug. kam zu unsrer Verwunderung ein Sconer mit deutscher Flagge in unsern Hafen. Es war ein Herr Jakobsen aus Hamburg welcher für den Menageriebesitzer Hagenbeck reist u. Alterthümer u.s.w. sucht aber auch zugleich Eskimos, um sie in europäischen Städten zur Schau auszustellen. Eigentlich wollte er Heiden von Northumberland holen, konnte aber vor vielen Treibeis dort nicht hinkommen u. kam in 9 Tagen von dort hieher.

Wir erklärten entschieden daß wir ihm dazu weder helfen dürften, noch wollten, daß unsre getauften Leute draußen wie wilde Thiere für Geld ausgestellt u. betrachtet würden. Er aber konnte unsre Bedenken nicht theilen, u. nicht einsehen warum wir im Intreße der Wissenschaft nicht förderlich sein wollten da die Eskimos ja doch auch reichlich beschenkt werden u. viel Gewinn haben und Intreßantes sehen würden wie vor 3 Jahren die Grönländer welche er auch geholt hat. Es würde aber trotz unsers Wiederstandens dennoch geworben sein u. eine Familie hatte schon zugesagt, aber da es ihm nicht blos um 4 sondern 8–10 Personen zu thun war, so unterbliebs u. er wird nun in der Nachvaker Gegend versuchen. Wir möchten aber gern wißen wie wir uns in solchen Fällen zu verhalten haben.

Wir bitten deine lieben Collegen und U.A.C. herzlich von uns zu grüßen und ihres fürbittenden Andenkens vor dem Herrn uns zu empfehlen, ganz besonders aber grüßen Dich

die Geschw. der Missionsconferenz in Hebron.

Missionsbeitrag von den Eskimos £ 2. 12 s. 4 d.

G. Kretschmer.
W. Haugk.
A. Hlawatscheck.

Brief an Br. Connor von Br. Kretschmer, Hebron
20. August 1880
Unitätsarchiv der Evangelischen Brüder-Unität, Herrnhut

Lieber Bruder Connor

Jetzt noch was ganz Neues u. Besonderes. Das Hamburger Schiff „Eisbär", was neulich hier war ist gestern aus [...] Nachvak zurückgekehrt u. hat nur eine Familie von dort bekommen jetzt hat sich nun doch noch eine Familie von hier entschloßen mit zu gehen. Abraham u. Ulrike ein Ehepaar (Abendmahlsgeschw.) Ich habe ihnen gesagt daß wirs durchaus nicht erlauben könnten unsre getauften Leute draußen in Europa wie wilde Thiere zur Schau auszustellen um Geld zu gewinnen. Sie konnten freilich unser Bedenken nicht faßen wollten uns nicht betrüben, aber den Herrn Jakobsen abzuschlagen waren sie unvermögend, denn der versprochene Lohn, täglich der Mann 3 s. die Frau 2 s. das Kind 1 s. Das macht natürlich viel zusammen, wenn es gehalten wird u. sie würden dann nächstes Jahr mit eine Bezahlung und Geschenken zurückkehren. Ich sagte ihnen daß wir ihnen wohl gönnten so vielerlei Schönes u. Großes in Deutschland zu sehen, aber diesen Weg dazu müßten wir verachten. Indeßen kann das kein Eskimo verstehen daß es schlecht sein soll wenn er Bezahlung kriegt von Jemand der ihn sehen will, auch ist die Sucht nach europäischen Herrlichkeiten viel zu groß, dazu denkt Abraham alte Labradormissionare und die Gemeine Herrnhut, Niesky u. Kleinwelka zu sehen. Jedenfalls wird von Hamburg aus an Dich von ihrer Ankunft gemeldet werden, da wir uns durchaus negativ dazu verhielten so haben wir auch keinen Contract mit Herrn Jakobsen abschließen können noch wollen, daher wir alle guten und bösen Folgen die es noch geben kann nicht verantworten. Herrn Jakobsen that es leid das nicht gekauft u. nicht vorher in Berthelsdorf angefragt zu haben (er hatte auch überhaupt nicht nach Labrador sondern nach Cumberland gewollt) Jetzt war nur keine Zeit. Ich bat ihn nur kurz ihnen keine spirituösen Getränke zu geben u. sie zu beaufsichtigen daß sie nicht

Böses sehen möchten u.s.w. Heut früh fuhr er mit ihnen von dannen sehr froh nicht ganz vergeblich die Reise gemacht zu haben. Gestern Abend meldete sich ein led. Bursche daß er auch mit gehen solle u. wolle. Er ist auch heut mit fort, ist ohne dieß sehr dreister Art, sie sind aber freie Leute u. wir können sie nicht halten.

Ohne Zweifel werden sich die l. Geschw. u. Freunde in u. außer der Gemeine mit Recht daran stoßen wenn es bekannt wird in den Zeitungen, daß Eskimos aus Hebron in den Thiergärten Berlins, Dresdens, Paris [...] zur Schau ausgestellt werden, wir können aber bezeugen daß es zwar mit unserem Vorwissen aber ganz gegen unseren Willen geschieht. Zur Entschuldigung der Eskimos muss gesagt werden daß sie unser Bedenken dagegen nicht verstehen können, es thut ihnen leid daß wir nicht Ja sagen konnten, aber, alle erhoffte Freude u. Gewinne fahren zu lassen ist zu viel für sie. Abraham hat mit seiner Familie letzten Winter sehr Noth gelitten u. wollte doch auch nicht auf Armenkasse geholfen werden. Im nächsten Winter steht ihm dasselbe bevor da er im Frühjahr sehr wenig erwerben u. seine £ 10 Schulden nicht tilgen konnte. Da will er sich nun jetzt in Europa Geld zu einem Netz schenken lassen um dann seine Schulden bezahlen zu können. Auch wünscht er mit seiner Frau Herrnhut, Niesky u. [...] zu sehen, was ihm auch von Herrn Jakobsen zu gesagt worden ist. Sollte er wirklich dorthin kommen so wollten wir doch bitten sie nicht abstossend zu behandeln als Ungehorsame u.s.w. was mehr schaden als nützen würde denn sie dächten blos wir gönnten ihnen das Glück nicht so viel Schönes zusehen. Am liebsten wäre es uns, wenn sie könnten von Labradorgeschwistern gesprochen werden (Abraham ist Br. Kern, Elsner, Linder, Schw. Erdmann persönlich bekannt) Er spielt Violine Klarinette Guitarre versteht etwas englisch seine Frau Ulrike 24 Jahr alt eine brave Person war nie ausgeschloßen diente bei uns 4 Jahre im Hause war 2¾ Jahr unser Kindermädchen, eine gute Schülerin bei Br. Erdmann, versteht etwas Deutsch.

Die Heidenfamilie von Nachvak wollte nächsten Winter nach Rama ziehen u. sich bekehren der Mann heißt Terrieniak (Fuchs) die Frau Paingu (Heimweh) das Kind Nachasak von welchen im Diarium von Rama 1876 zu lesen gewesen ist. – Wir werden dann nächstes Jahr hören ob diese Leute oder die unsrigen für einerlei gehalten worden sind oder ob man einen Unterschied zwischen getauft und ungetauft wahrgenommen hat. Daß die Eskimo wußten daß vor 3 Jahren Grönländer in Deutschland waren das hat auch viel beigetragen ihnen so einen Besuch wünschenswerth zu machen u. wäre das Schiff länger geblieben, so hätten sich noch viele gemeldet mitzugehen, denn sind Kinder u. ahnen nichts Böses sondern erwarten immer das Beste.

Sollte es nicht gut sein, wenn etwas davon durchs „Herrnhut" bekannt gemacht würde? Bitte nach Deinem Gutdünken zu handeln. Der Hld [Heiland] aber wolle sie in der Welt bewahren u. ihnen auch diesen krummen Weg zum besten dienen lassen. Wir fürchten daß sie schwer Leute für uns werden nachher doch auch dieses sey Ihm befohlen.

Es grüßt Dich mit all
Deinen l[ieben] Collegen
Dein geringer Bruder
C. G. Kretschmer

Werbung „Zoologischer Garten" in Volks-Zeitung, 17.10.1880, Nr. 244

Norddeutsche Allgemeine Zeitung.

Morgen-Ausgabe.

Norddeutsche Allgemeine Zeitung,
Nr. 484,18.10.1880, Morgenausgabe

Der Zoologische Garten wird vom Sonntag ab wieder eine neue Sehenswürdigkeit bieten. Der bekannte Thierhändler Hagenbeck führt, wie schon gemeldet, zwei Eskimofamilien aus Labrador hierher. In Hamburg, wo dieselben seit vierzehn Tagen weilten, erregten sie, wie wir einem Bericht der „Nat. Ztg." entnehmen, in hohem Grade das Interesse der wissenschaftlich Gebildeten, sowie des größeren schaulustigen Publikums. Die eine dieser Familien ist in der Missionsanstalt Hebron im nördlichen Labrador im Christenthum erzogen und der Zivilisation nahe getreten, die andere noch unbekannt mit Sitten und Gebräuchen der zivilisirten Welt. Wenn das Oberhaupt der ersteren, Abraham mit Namen, das Interesse dadurch verdient, daß er vielleicht einer der intelligentesten Eskimos, mutmaßlich sowohl wie für's Zeichnen befähigt und nicht ohne einige Kenntnisse der englischen Sprache, so hat der Wilde, Namens Tigganiak, für sich den charakteristischen Gesichtsausdruck, der bei aller sonstigen Gleichheit ihn doch so ganz anders erscheinen lässt und ein zurückhaltendes Wesen, obgleich sich schon jetzt nach 14tägigem Aufenthalte in Hamburg die anfängliche Scheu sehr vermindert hat. Nicht minder interessiren die „heidnischen" Frauen, Paieng, die Mutter und ihre Tochter Noggasak, letztere besonders durch ihr eigenthümliches scheues Gebahren, welches am meisten in einem unnachahmlichen Ausdruck der Augen, die dabei ganz von der Seite blicken und durch den einwärts gesetzten Gang mit krumm gebogenen Knien zur Geltung kommt. Mutter und Tochter tragen gleiche Kleidung, ihre Jacken von feinem Rennthierfell und schön verziert sind hinten so tief verlängert, dass sie bis unter die Wade hinabreichen. Im Gegensatze zu den Grönländerinnen tragen die Labrador-Frauen Flechten an den Seiten des Kopfes, um das Ohr herumgeschlungen und im Nacken geknotet und band umwunden.

Außerdem schmücken sie sich mit fußlangen Perlengehängen, ihre Stiefel sind wo möglich noch bunter verziert, als die der Grönländerinnen. Während die Tochter hier den ganzen Tag im süßen Nichtsthun verbringt, ist die alte Frau unermüdlich fleißig im Schneidern. Statt des Zwirn arbeitet sie mit Rennthier- oder Seehundssehnen, welche zu den feinsten Fäden präparirt sind, bedient sich aber der Nadel und der Schere. In seinen Mußestunden legt auch der Mann Tagganiak die Hände nicht in den Schooß: er hat bereits hier Verschiedenes gearbeitet, z.B. eine größere Schale aus Speckstein mit Raspel und Feile, Bogen und Pfeile fabrizirte Abraham, in seiner Heimath mit einem kirchlichen Amte betraut, feiert den Sonntag gewissenhaft durch Vorlesen aus dem neuen Testament und Singen eines Liedes aus dem ins Grönländische übersetzten Herrnhuter Gesangsbuche. Ueber die anderen Mitglieder der Gesellschaft bleibt nicht mehr viel zu sagen übrig , Abrahams Frau Ulrike, ist eine stattliche Erscheinung, ihre beiden Baby's Sarah, 4 Jahre alt und Marie 1½ Jahre alt. Der junge Mann endlich, Tobias, etwa zwanzig Jahre alt, ist ein freundlicher anstelliger Bursche, welcher ebenfalls lebhaftes Interesse für alles Neue zeigt, beispielsweise neulich ein Pferd, welches gerade dastand, recht brav abzeichnete. Die Schlitten der Labrador-Eskimos weichen bedeutend von denen der Grönländer ab: es sind einfache Schleifen von ca. 12 Fuß Länge, deren Kufen vorn nur ganz schwache Krümmung haben. Die Oberfläche besteht aus Brettern, an beiden Seiten ausgezackt. Man legt Felle auf die Bretter und schnürt die Ladung mit Benutzung der Einkerbung fest. Diese schweren Schlitten werden in Labrador von 12 und noch mehr Hunden gezogen und sollen hauptsächlich nur für den Transport der Jagdbeute und anderer Lasten dienen. Die Hunde gehören alle der halbwilden Rasse an, haben die größte Ähnlichkeit mit dem Wolf und sind durchweg bissig und unverträglich. Die lange, geschickt gehandhabte Peitsche bringt jedoch täglich mehr Disziplin in die aus neun Exemplaren bestehende Gesellschaft. Die Exerzitien der Eskimos im Kahnfahren, Harpunenwerfen, und die Schießübungen mit Pfeil und Bogen werden am geschicktesten von dem alten Tiggantik ausgeführt. Spaßhaft ist der Anblick, wenn er mit Tobias eine Pantomime zum Besten giebt, welche das Erlegen eines Seehundes sehr anschaulich darstellt.

Norddeutsche Allgemeine Zeitung.

Abend-Ausgabe.

Nr. 487. Berlin, Montag den 18. Oktober 1880. 20. Jahrgang.

Norddeutsche Allgemeine Zeitung,
Nr. 487,18.10.1880
Abendausgabe: 2

Die Eskimos haben am Sonntag im Zoologischen Garten unter reichem Beifall eines an nahezu 7000 Personen zählenden Publikums ihre Vorstellungen begonnen. Wohl den interessantesten Theil der letzteren bildet die Seehundjagd. Tobias stellt dabei in Felle gehüllt den zu erjagenden Seehund vor. Terrianiak als Jäger lockt ihn, sobald er denselben erblickt, indem er sich zu Boden werfend, den Schrei des Seehunds nachahmt, zu sich heran. Endlich ist das Thier in Schußweite; die Büchse knallt, der Seehund ist getroffen, der Jäger springt jubelnd auf, schlingt die mitgeführte Leine dem erlegten Thier um den Leib und schleift es der heimathlichen Hütte zu, wo Frau, Kinder und Freunde seiner harren. Tobias wie Terrianiak spielen ihre Rollen mit großer Hingabe, und geduldig läßt sich Tobias als erlegter Seehund über die Fläche dahin schleifen. Nicht minder interessant ist die Jagd zu Wasser. Die Kajaks der Labrador-Eskimos unterscheiden sich in Bau und Handhabung wesentlich von den Grönländer Booten. Die hier anwesenden Eskimos, vor Allen wieder Tobias und Terrianiak, stellen nun in denselben Harpunenjagden auf Seehunde, Lachse und Seevögel dar; sie unternehmen ferner Fahrten in ihren von Hunden gezogenen Schlitten und zeigen ihr Geschick im Schneeschuhlauf – alles Piècen, welche die Zuschauermenge auf's höchste amüsiren.

Zoologischer Garten.
Mittwoch und folgende Tage:
Aufenthalt von
8 Eskimos
aus Labrador
(3 Männer, 3 Frauen u. 2 Kinder)
mit ihren Hunden, Zelten, Schlitten
und Kajaks.
Grosse ethnographische
Sammlung
von Gegenständen und Ausgrabungen
aus der hochnordischen Heimat.
Vorstellungszeit 10 bis 12 Uhr Vormittags,
1½ bis 4½ Uhr Nachmittags.
Eintrittspreis wie gewöhnlich.

Werbung „8 Eskimos" in Volks-Zeitung, 20.10.1880, Nr. 246

Norddeutsche Allgemeine Zeitung.

Morgen-Ausgabe.

Nr. 492. Berlin, Donnerstag den 21. Oktober 1880. 20. Jahrgang.

Norddeutsche Allgemeine Zeitung,
Nr. 492, 21.10.1880,
Morgenausgabe

Mit welcher Zärtlichkeit die Eskimos, trotz ihres erst zweitägigen Aufenthaltes, der Kinderwelt bereits zugethan sind, darüber erzählt dem „Kl. J." ein Besucher des Zoologischen Gartens Folgendes: Unter den Schaulustigen, die sich am Montag bei den Eskimos einfanden, waren auch sehr viele Kinder, die sich angelegentlich durch Sprache und Zeichen mit den fremden Gästen unterhielten. Es dunkelte bereits, die Besucher hatten sich entfernt, und auch die Grönländer waren in ihre Hütten gegangen. Nur Tobias, der 21jährige, durchaus nicht unschöne Bursche, saß, an einen Baum gelehnt, noch draußen, und um ihn eine kleine Schaar von Knaben und Mädchen, die mit ihm scherzten und ihn vielerlei fragten. Ein kleiner, vielleicht 10jähriger Knabe mit hübschem, stets lachendem Gesicht, hatte die besondere Gunst des nordischen Sohnes bald gefunden, der den gewitzigten Knaben für jede Bemerkung streichelte und liebkoste. Hierbei mochte er ihn wohl etwas unsanft berührt haben; der Knabe that, als ob er weinte, und sofort sprang Tobias auf, legte den Kopf des scheinbar Weinenden an seine Brust und bedeckte ihn mit Küssen. Als aber der Knabe wieder aufblickte und herzhaft lachte, da stimmte auch Tobias alsbald in tiefes Lachen ein, und aufs Neue liebkoste und küßte er den Knaben. Fast mit Gewalt mußte der Eskimo von den fröhlichen Kindern getrennt werden, und erst nachdem ihm der Führer der Truppe bedeutet, daß er morgen die Kinder wiedersehen würde, nahm er von seinem Berliner Freunde für heute Abschied und zog sich in die Hütte zurück.

Auszug aus dem UAC-Protokoll 1880, 21. Oktober
Unitätsarchiv der Evangelischen Brüder-Unität, Herrnhut

Seit einigen Tagen ist eine Eskimofamilie aus Hebron in Berlin, die ein Unternehmer gewonnen und nach Europa gebracht hat, um sie hier in verschiedenen Städten zur Schau zu stellen. Zur Hebroner Gemeine gehörig, haben sie sich trotz aller Abmahnungen der Missionare zu diesem Zweck gewinnen lassen. Immerhin jedoch haben sie sich ausbedungen, verschiedene Gemeinen besuchen zu dürfen. Es liegt nun Br. v. Drewitz in Niesky, wie er in einem Brief vom 20. Oktober ausspricht, sehr am Herzen, bei Gelegenheit seiner Reise nach Berlin am kommenden Sonnabend zu einem Missionsfest, diese Familie zu besuchen und ihr seelsorgerisch nahe zu kommen.

Zu diesem Zweck fragt er bei UAC an, ob nicht ein ausruhender Missionar aus Labrador, etwa Br. Kern in Berthelsdorf, aufgefordert werden könnte nach Berlin zu gehen, und vielleicht ihn (Br. v. Dewitz) zu begleiten. UAC ist damit einverstanden, und Br. Kern soll die Aufforderung erhalten. Miss. Dep. erklärt sich bereit, die Kosten zu übernehmen. Br. Kern ist unmittelbar nach der Sitzung gefragt worden und ist willig den Auftrag zu übernehmen.

den 23sten Oktober 1880 in UAC
gelesen und genehmigt.

E. Reichel

Magdeburgische Zeitung.

№ 493. 1880.

Morgen=Ausgabe. Donnerstag, 21. October.

Verantwortlicher Redacteur der Zeitung, mit Ausschluß des Inseratentheils: Wilh. Splittgerber in Magdeburg. Für den Inseratentheil verantwortlich: C. Beyer in Magdeburg.

Druck und Verlag: Faber'sche Buchdruckerei A. & R. Faber in Magdeburg. Die Druckerei der Magdeburgischen Zeitung ist gegründet 1646. Die älteste in unserm Archiv befindliche Nummer der Zeitung, deren Ursprung nicht festzustellen, datirt von 1626. — Vom Jahrgang 1717 an ist die Zeitung beinahe vollständig in unserm Archiv.

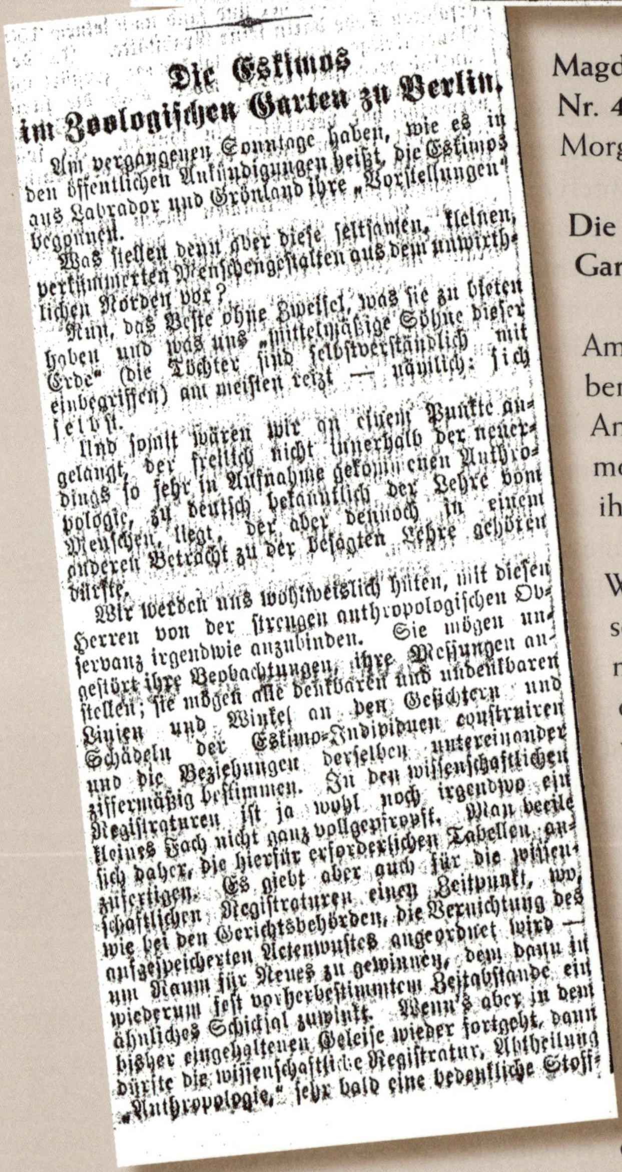

Die Eskimos im Zoologischen Garten zu Berlin.

Am vergangenen Sonntage haben, wie es in den öffentlichen Ankündigungen heißt, die Eskimos aus Labrador und Grönland ihre „Vorstellungen" begonnen.

Was stellen denn aber diese seltsamen, kleinen, verkümmerten Menschengestalten aus dem unwirthlichen Norden vor?

Nun, das Beste ohne Zweifel, was sie zu bieten haben und was uns „mittelmäßige Söhne dieser Erde" (die Töchter sind selbstverständlich mit einbegriffen) am meisten reizt — nämlich: sich selbst.

Und somit wären wir an einem Punkte angelangt, der freilich nicht innerhalb der neuerdings so sehr in Aufnahme gekommenen Anthropologie, zu deutsch bekanntlich der Lehre vom Menschen, liegt, der aber dennoch in einem anderen Betracht zu der besagten Lehre gehören dürfte.

Wir werden uns wohlweislich hüten, mit diesen Herren von der strengen anthropologischen Observanz irgendwie anzubinden. Sie mögen ungestört ihre Beobachtungen, ihre Messungen anstellen; sie mögen alle denkbaren und undenkbaren Linien und Winkel an den Gesichtern und Schädeln der Eskimo-Individuen construiren und die Beziehungen derselben untereinander ziffermäßig bestimmen. In den wissenschaftlichen Registraturen ist ja wohl noch irgendwo ein kleines Fach nicht ganz vollgepfropft. Man beeile sich daher, die hierfür erforderlichen Tabellen anzufertigen. Es giebt aber auch für die wissenschaftlichen Registraturen einen Zeitpunkt, wo, wie bei den Gerichtsbehörden, die Vernichtung des aufgespeicherten Actenwustes angeordnet wird — um Raum für Neues zu gewinnen, dem dann in wiederum fest vorherbestimmtem Zeitabstande ein ähnliches Schicksal zuwinkt. Wenn's aber in dem bisher eingehaltenen Geleise wieder fortgeht, dann dürfte die wissenschaftliche Registratur, Abtheilung „Anthropologie," sehr bald eine bedenkliche Stoff-

Magdeburgische Zeitung
Nr. 493, 21.10.1880,
Morgen-Ausgabe

Die Eskimos im Zoologischen Garten zu Berlin

Am vergangenen Sonntage haben, wie es in den öffentlichen Ankündigungen heißt, die Eskimos aus Labrador und Grönland ihre „Vorstellungen" begonnen.

Was stellen denn aber diese seltsamen, kleinen, verkümmerten Menschengestalten aus dem unwirthlichen Norden vor?

Nun, das Erste ohne Zweifel, was sie zu bieten haben und was uns „mittelmäßige Söhne dieser Erde" (die Töchter sind selbstverständlich mit einbegriffen) am meißten reizt – nämlich: sich selbst.

Und somit wären wir an einem Punkt angelangt, der

freilich nicht innerhalb der neuerdings so sehr in Aufnahme gekommenen Anthropologie, zu deutsch bekanntlich der Lehre vom Menschen, liegt, der aber dennoch in einem anderen Betracht zu der besagten Lehre gehören dürfte.

Wir werden uns wohlweißlich hüten, mit diesen Herren von der strengen anthropologischen Observanz irgendwie anzubinden. Sie müssen ungestört ihre Beobachtungen, ihre Messungen anstellen; sie müssen alle denkbaren und undenkbaren Linien und Winkel an den Gesichtern und Schädeln der Eskimo-Individuen construiren und die Beziehungen derselben untereinander ziffermäßig bestimmen. In den wissenschaftlichen Registraturen ist ja wohl noch irgendwo ein kleines Fach nicht ganz vollgepfropft. Man stelle sich daher, die hierfür erforderlichen Tabellen anzufertigen. Es giebt aber auch für die wissenschaftlichen Registraturen einen Zeitpunkt, wo, wie bei den Gerichtsbehörden, die Vernichtung des aufgespeicherten Actenwußtes angeordert wird – um Raum für Neues zu gewinnen, dem dann in wiederum fest vorbestimmten Zeitabstande ein ähnliches Schicksal zuwinkt. Wenn's aber in dem bisher eingehaltenen Geleise wieder fortgeht, dann dürfte die wissenschaftliche Registratur, Abteilung „Anthropologie" sehr bald eine bedenkliche Stofffülle enthalten. Alles wird aufgezeichnet; unterschiedslos wird jedes Heftchen Scherben, jedes Stümpfchen Holz, jedes abgesplitterte Stückchen Stein aufbewahrt. Ehe man sich's versieht, ißt ein „anthropologisches Museum" da, und ein „interessantes" obenein. Sobald aber heut' zu Tage sich etwas erst als „interessant" darzustellen weiß, dann ist's damit gewonnen Spiel. „Interessant sein – das ist Alles" – könnte man mit dem tiefsinnenden Dänen-Prinzen ausrufen! Mit diesem Umstande muß dermalen ernstlich gerechnet werden, ist er doch von unbedingt zwingender Bedeutung. Wirklich, es gilt auch in dieser Beziehung das Wort Faust's: „So sieh' dies Zeichen, dem sie sich beugen, die schwarzen Schaaren." Und die weißen, nicht minder. Es ist interessant!" Gegen diese Thatsache hilft keinerlei Logik, kein Einwand, keine Gegenfrage. Es ist interessant, diesen aus ihren heimatlichen Schneetristen hergeholten Wesen in ihrem Coulissenleben und Treiben eine Weile zusehen zu können. Denn dass ist's und bleibt's doch in alle Ewigkeit. Man sehe sich doch die Leutchen nur ein wenig genauer, ein wenig mehr im eigentlichen Sinne „anthropologisch" an, und man wird deß sofort inne werden, dass namentlich auf den Mienen der Eskimo-Frauen ein melancholischer Zug haftet. Sie wissen es ganz gut, dass sie ausgestellt werden, preisgegeben den neugierigen, zudringlichen Blicken von Alt und Jung. Wer weiß, was diese Kinder des rauesten Nordens über ihre hochgebildeten europäischen Menschenbrüder denken mögen!

Daß man aber auch daran erinnert werden muß! Beinahe hätte man es über dem „interessanten" anthropologischen Schauspiele vergessen. Und verzeihlich genug wäre es immerhin gewesen. Gar nicht weit entfernt tummeln sich die „ostindischen Dickhäuter" innerhalb der geräumigen, fest eingefriedeten Gehege; man kann sie dort in ihren natürlichen Daseins-Aeußerungen beobachten. Hier hingegen mag man die, ihrer friedlichen Neigung entsprechend, innerhalb der bloß mit Holzlatten abgegrenzten Hütten sich tummelnden „nordwestlichen Dickfeller" ebenfalls in ihren natürlichen Daseins-Aeußerungen beobachten. Und wie „interessant" dieselben sind, das ist gar nicht zu sagen. Diese Nordländer gehen nämlich just so wie wir. Nur daß sie in ihren Seehundskleidern uns ein wenig unbeholfen vorkommen und sich ein wenig bärenhaft ausnehmen. Wer weiß aber, in welchem Lichte wir ihnen erscheinen mögen? Aber es ist doch sehr interessant zu sehen, wie die Eskimo-Mutter ihr kleines Kindchen auf den Rücken in der Capotte mit sich herumträgt. Am Ende ist die Capotte nur deshalb so unförmlich groß geschnitten. Am Ende ist's aber nur des Kopfes der Mutter wegen, die unter Umständen des Capottenschutzes gegen allzu grimme Kälte bedarf. Denn schließlich wird's den Eskimos auch einmal bei 40° Reaumur und darüber ein wenig ungemüthlich. Und nun erst gar die Wasserfahrten mit dem schmalen, zugespießten Boote, in welchem der Eskimo sitzt und mit einem recht primitiven Ruder sein Fahrzeug fortzubewegen versteht. Der Kahn schwimmt sogar auf dem Wasser. Es ist unbändig interessant. Sobald aber der Eskimo-Vater seiner Familie das Vergnügen einer

Wasserfahrt bereiten will, nimmt er sich seinen kleinen Buben auf den Schooß und läßt die Gattin sich lang aus auf den schmalen Kahn hinstrecken. Wohl gemerkt, dann sind sie alle Drei im Kahne und das ist wieder interessant. Und nun erst gar das Speerwerfen nach dem imagirten Fischfeind – es ist, als ob man beim Manöver wäre, wo es auch einem vorgestellten Feinde gilt. Die Krone des Interessanten gebührt aber der Schlittenfahrt in dem von 8 Hunden gezogenen, mit Rennthierfellen belegten Holzgestell.

Nun behaupten wir, daß mit der eingehendsten Besichtigung all' dieser „interessanten Einzelheiten" auch von dem sogenannten anthropologischen Standpunkt aus betrachtet, gar nichts gewonnen ist. Weder unsere Bildung, noch unsere Kenntnisse sind irgendwie erweitert oder vertieft worden. Wohl aber können wir uns, und sicherlich Viele mit uns, eines sehr peinlichen Gefühls gegen diese in neuester Zeit überhand nehmenden „Menschenausstellungen" nicht erwehren und vollends gegen diese „Menschenausstellungen" in zoologischen Gärten! Da ist die Gattung „Löwe" in den verschiedenen Abstufungen, da ist die Familie der „Dickhäuter", da ist die Species „Affe" in ihren zahllosen Spielarten. Und nun bringt man auch noch die Gattung „homo", wie es neuerdings in einer Tageszeitung hieß, in mannichfachen Abstufungen hinzu. Wir hatten Nubier, Neger, Lappländer, Patagonier bereits zu sehen Gelegenheit und andere „interessante" Völkerschaften werden uns zweifellos ihre Vertreter ebenfalls zusenden. Oder richtiger gesagt, unsere Thierhändler werden bei ihren ausgedehnten Reisen hier und da einige „Menschen" aufzufinden wissen, die sich bestimmen lassen, auch mitzuthun. Wir wollen ja Niemanden in seinem „Gewerbe" stören. Der Eine zieht mit einer Seiltänzertruppe, mit Sängern oder Virtuosen durch die Welt, der andere mit „interessanten ausländischen Menschen". Jeder kann ja das halten, wie er eben will. Aber man sollte unseres Bedänkens die Ansicht von dem bloß graduellen Unterschiede zwischen allen Lebewesen nicht bis zu dieser Veranschaulichung in der Ausführung treiben, daß man MENSCHEN in den zoologischen Gärten als Ausstellungsgegenstände behandelt. Für unser Empfinden hat dies Menschenausstellungsgeschäft an sich etwas außerordentlich Abstoßendes. Wir können den Gedanken an den Menschenhandel hierbei nicht los werden. Dem mag nun gewiß nicht so sein. Allein diese Menschenkinder, diese Ebenbilder Gottes, wenn's erlaubt ist, zu sagen, so mitten hinein in die zoologischen Gärten als Ausstellungsobjecte zu bringen, das scheint uns der Wissenschaft und der Lehre vom Menschen und seinem eigentlichen Wesen ganz und gar nicht zu entsprechen.

Daß man von verschiedenen Stellen aus unsere Anschauung als eine sentimentale belächeln, bespöttelt wird, darauf sind wir vollkommen vorbereitet. Gleichwohl möchten wir dieselbe an dieser Stelle ausgesprochen haben. Sollen diese „Interessanten" Menschenexemplare nun schon einmal ausgestellt werden, dann müsste uns schon das Gefühl für „Rassenanstand" davor bewahren, unseres Gleichen in Thiergärten sehen zu lassen. Man würde mit Leichtigkeit passende anderweite Oertlichkeiten hierfür ausfindig machen können.

Berlin, 20. October. J. K.

Zeitschrift für Ethnologie, Berlin
12. Band, 1880, S. 253–274
Rudolf Virchow

„Ausserordentliche Zusammenkunft im Zoologischen Garten am 7. November 1880. Eskimos von Labrador."

Die uns beschäftigenden Eskimos, obwohl sämmtlich aus einer Gegend von Labrador, welche nahezu in demselben Breitengrade mit der Südspitze Grönland's gelegen ist, zerfallen in zwei Gruppen, man kann auch sagen, Familien, obwohl noch, um nordisch zu sprechen, ein Loskärl dabei ist. Es sind zwei in sich geschlossene Abteilungen, die nicht bloss der Religion nach verschieden sind, sondern auch in ihrer äusseren Erscheinung manche Differenzen darbieten. Die Einen, nehmlich die Familie Abraham, bestehend aus dem Mann, der Frau Ulrike und zwei kleinen Kindern, nebst dem ledigen Tobias, stammen von der Missionsanstalt Hebron, [...] Jedenfalls ist es den Missionären gelungen, den Unterricht der Leute soweit zu fördern, dass sie in der That ihre Intelligenz in einem nicht geringen Maasse entwickelt haben und dass sie im Stande sind, mit Leichtigkeit zu schreiben, zu zeichnen und allerlei Künste des civilisirten Lebens zu üben.

[...]

Die andere Familie dagegen, bestehend aus dem Manne Tiggianiak (Tigganik), seiner Frau Paieng (Bairngo) und seiner Tochter Noggasak, ist noch vollständig heidnisch und in der That mit Eigenschaften ausgestattet, welche in hohem Maasse geeignet sind, die primitive Beschaffenheit dieser Bevölkerung kennen zu lernen. [...] Diese Familie ist von Hrn. J a c o b s e n in Nakkwak, einer nördlich von Hebron an einem Fjord gelegenen Station der Hudsons-Bay-Compagnie, engagirt worden.

[...]

Ulrike, 24 Jahr alt.

Fig. 4.

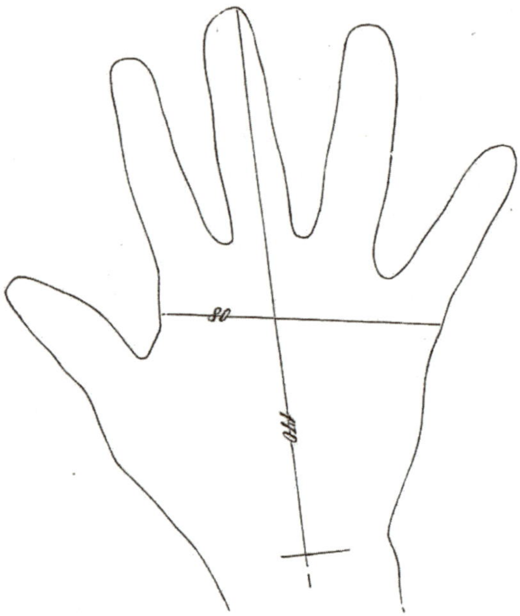

Fig. 5.

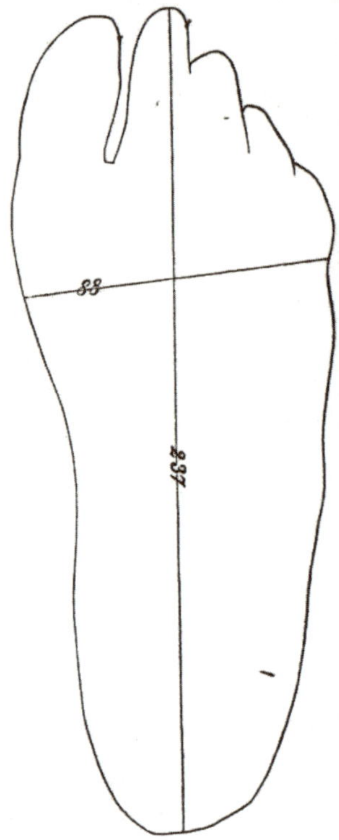

Farbenworte.

	Abraham	Ulrike	Tobias	Tiggianiak	Bairngo
schwarz	keinitak	kirnirtak	kirnitak	kernetak	kernetak
grau	kakortakasak	kakkuangajuk	kakuangujuk	kakoingajok	kernangajok
weiss	kakortak	kakurtak	kakurtak	kakortak	kakortak
roth	aupaluktak	auppaluktak	aupalutak	aupaluktak	aupaloktak
orange	kursuargujok	{aupalangajuk {kuksuangajuk	kursuangajuk	korsotak	songarpaluktak
gelb	korsutak	kuksutak	kursutak	songarpaluktak	songarpaluktak
grün	eviujak	iviujak	iviujak	tongujoangajok	tongojoktak
blau	tongujoktak	tungujurtak	tungujutak	tongujoktak	tongujoktak
violett	tongujoingajok	kirnitangajuk	tungujuangajuk	kernaingajok	tongujoangajok
braun	tongulangajok	aupalangajuk	aupalângajuk	aupalangajok	kojoangajok

Zeitschrift für Ethnologie, Berlin,
12. Band 1880

Die B e h a a r u n g unserer Labrador-Leute stimmt mit derjenigen der Grönländer in allen Stücken überein. Die Farbe des Haares ist durchweg schwarz. Schon die kleinen Kinder haben sehr dunkles Kopfhaar, nur die Augenbrauen sind mehr bräunlich. Das K o p f h a a r der Erwachsenen ist bei den Männern verhältnissmässig lang, so dass es den Nacken und bei dem Heiden sogar die Schultern bedeckt. Es ist sehr dick, glänzend schwarz, wie Ebenholz, dem Mähnenhaar der Pferde ähnlich, in keiner Weise lockig oder gebogen, sondern ganz straff. Bei den Frauen hat es die gleiche Beschaffenheit, nur wird es verhältnissmässig kürzer getragen und macht daher eher den Eindruck einer gewissen Spärlichkeit. Frau Ulrike trägt es einfach gescheitelt und in Flechten gelegt. Die heidnische Frau dagegen und deren Tochter tragen hinten und an jeder Schläfe einen Knoten; die seitlichen Knoten sind mit langen Gehängen besetzt, welche aus Renthierhaar geflochten und mit bunten (europäischen) Perlen reich verziert sind. Die A u g e n b r a u e n sind bei den meisten stark, nur bei Frau Ulrike spärlicher. B a c k e n b a r t haben selbst die Männer fast gar nicht, dagegen ist der S c h n u r- und K i n n b a r t reichlicher, nur dass der letztere sich auf das eigentliche Kinn beschränkt. Etwas Schnurbart findet sich auch bei Frau Ulrike. Der übrige Körper, so weit ich ihn sah, Brust, Vorderarme, Unterschenkel sind fast ganz haarlos.

[…]

Es ist bekannt, und ich möchte das besonders den Puristen auf diesem Gebiete entgegenhalten, dass, wenn wir unsere gewöhnliche Bevölkerung nehmen, z. B. Bauern vom Lande, wir auch finden, dass eine Menge von ihnen diese Farben nicht mit Präcision benennen können, und dass sie sich ähnliche Compositionen machen, wie sie sich hier ergeben, indem man das Blau nüancirt und Schwarzblau oder dunkelblau oder Rothblau sagt. Im Grossen haben die Eskimos, die einzeln, jeder für sich verhört wurden, eine solche Uebereinstimmung der Aussagen gezeigt, dass vom linguistischen Standpunkt ein wesentlicher Einwand nicht gemacht werden kann. Sie sind offenbar in dieser Richtung wohl veranlagt und erweisen sich, nicht in dem Sinne, den man eine Zeit lang geglaubt hat festhalten zu müssen, dass die Retina sich erst mit der Cultur entwickele, als Glieder einer niedrig stehenden, sondern als Glieder einer verhältnissmässig hoch stehenden Rasse.

In ähnlicher Weisse muss man, glaube ich, auch sonst in Bezug auf ihre Intelligenz urtheilen. Nichts hat von jeher mehr den Eindruck bestärkt, dass die Eskimos eine niedere Rasse darstellten, als ihre S c h w e r f ä l l i g k e i t im Gebrauch der Zahlen. [...] Man kann sich ja vorstellen, dass das Bedürfnis des Zählens in einem Volk, dessen Glieder so zerstreut leben, so wenig Besitz haben, ausser Hunden kein einziges Hausthier zähmen, sehr gering ist, aber schon die grosse Zahl von Hunden, deren sie für ihre Schlittenfahrten benöthigt sind, spricht dafür, dass sie irgend ein Ersatzmittel für das Zählen mit Worten haben müssen. Jedenfalls beweisen die christianisirten Leute, dass ihr Gehirn durchaus entwickelungsfähig ist, wie denn der hohe Stand der artistischen Leistungen auch der wilden Eskimos durch zahlreiche Proben dargethan ist. Namentlich Abraham, der eine vollkommene Schulbildung genossen zu haben scheint, erweist sich meinen Ermittlungen nach als einer der best unterrichteten und gescheidtesten Leute, die man sehen kann.

[...]

Es wird Sie vielleicht interessiren, über den Anfall etwas zu hören, den ich neulich bei der Frau Bairngo beobachtet habe. Sie haben jetzt gesehen, wie scheu die Tochter ist; sie sieht aus, wie ein wildes Thier, das eingefangen ist. Die Mutter hat dieses zimperliche Wesen nicht, aber auch sie ist ungemein misstrauisch, so dass man bei jedem Schritt, den sie an einem Orte macht, den sie nicht kennt, es merkt, wie die neue Umgebung den Eindruck der höchsten Besorgniss bei ihr erzeugt. Es war sehr schwierig, an ihr die Messungen auszuführen, die bei den anderen ganz einfach vor sich gingen. Ich fing mit dem Einfachsten an und suchte sie so allmählich zu überzeugen, dass das nichts Schlimmes sei; aber jeder neue Akt erregte sofort wieder ihre Besorgniss, und sowie es an die Körpermessungen ging, fing sie an zu zittern und gerieth in die höchste Aufregung. Während ich die Klafterlänge feststellen wollte und ihre Arme horizontal ausstreckte, was ihr wohl im Leben noch nicht vorgekommen war, bekam sie plötzlich den Anfall: sie huschte mir unter dem Arm durch und begann in dem Zimmer umher zu arbeiten in einer Aufregung und in einer Weise, wie ich das noch niemals gesehen habe, trotzdem ich als langjähriger Arzt einer Gefangenenstation die sonderbarsten, sowohl simulirten, wie wirklichen Anfälle von Wuth oder Krampf erlebt habe. Anfangs hatte ich die Vorstellung, es würde daraus ein hysterischer Krampfanfall sich entwickeln, aber es stellte sich bald heraus, dass absolut kein körperlicher Krampf, nichts somatisch Krankhaftes eintrat; vielmehr spielte sich das Ganze ab wie ein psychischer K r a m p f, dem vergleichbar, was Leute in den höchsten Zornausbrüchen leisten. Auch bei uns giebt es Leute, die in solche Zornausbrüche gerathen, dass sie im Zimmer umher fahren, alles zerschlagen, was sie erreichen können, und die sonderbarsten Dinge treiben, von denen sie selber nachher nicht begreifen, wie es zugegangen ist. Ganz analog war dieser Fall. Sie sprang mit beiden Beinen in einer etwas zusammengebückten Stellung im Zimmer umher, arbeitete auf die Stühle und Tische los, und schmiss sie nach allen Richtungen um; während sie aber im Zimmer umhertollte, machte sie nicht den geringsten Versuch, aus der Thür zu entweichen oder auf die Anwesenden loszugehen. Sie sprang von der einen Ecke nach der anderen und schrie dabei in heulender Weise; ihr hässliches Gesicht sah dunkelroth aus, die Augen leuchteten, es bildete sich etwas Schaum vor dem Munde, genug es war ein höchst widerwärtiger Anblick. Dabei war es höchst überraschend, zu sehen, wie der Mann und die Tochter, die während der ganzen Zeit auf ihren Stühlen dabei gesessen hatten, auch nicht die mindeste Aufregung oder Neigung zur Hülfeleistung zeigten.

Der Anfall dauerte wohl 8 – 10 Minuten; dann mit einem Male stand sie still, legte den Kopf auf den Tisch, verharrte ruhig ein paar Minuten in dieser Stellung, richtete sich dann auf und sagte in ihrer Sprache: Nun bin ich wieder gut. Freilich zitterte sie noch und ich hielt es für gerathen, den Versuch der Messung nicht zu erneuern.

Ich hatte den Eindruck, dass dieser „psychische Krampf" ganz und gar übereinstimmen müsse mit den Erscheinungen, welche die Schamanen bei ihren Tänzen darbieten. Bekanntlich ist in dem nordöstlichen Theile von Asien durch lange Tradition die Gewöhnung an excessive persönliche Aufregung, welche in dem Schamanismus hauptsächlich vertreten ist, am meisten erhalten, jedoch finden sich unverkennbare Spuren davon auch in Grönland, wo man die Schamanen Angekoks nennt.

[...]

Ich will mich auf diese Bemerkungen beschränken, und möchte Sie nur noch bitten, mir zu gestatten, einen starken Angriff mit einigen Worten zurückzuweisen, der neulich in der Magdeburger Zeitung (Nr. 493 vom 21. Oktober) gemacht worden ist. Derselbe richtet sich einerseits gegen diese ganze Art von Vorstellungen fremder Rassen, andererseits gegen die Benutzung zoologischer Gärten für die Vorführung von Menschen. Da es ein gelesenes Blatt ist, welches sich zum Organ dieses Angriffs hergegeben hat, und da wir in einer Zeit leben, wo bekanntlich alles dasjenige geschieht, was man für unmöglich hält, so scheint es mir allerdings geboten zu sein, diesem ersten Angriff eines verwilderten Feuilletonisten mit Bestimmtheit entgegenzutreten.

In einem Artikel: „Die Eskimos im zoologischen Garten zu Berlin" wendet sich der Verfasser nicht blos im Allgemeinen gegen Menschenausstellungen, sondern erklärt am Schlusse ganz ausdrücklich, man dürfe erwarten, dass bei genauerer Ueberlegung man davon zurückkommen werde, Menschen in zoologischen Gärten auszustellen. Ich will diesen Schluss kurz vorlesen:
„Dass man von verschiedenen Seiten aus unserer Anschauung als eine sentimentale belächeln, bespötteln wird, darauf sind wir vollkommen

vorbereitet. Gleichwohl möchten wir dieselbe an dieser Stelle ausgesprochen haben. Sollten diese „interessanten" Menschenexemplare nun schon einmal ausgestellt werden, dann müsste uns schon das Gefühl für „Rassenanstand" davor bewahren, unseres Gleichen in Thiergärten sehen zu lassen."

Die Argumentation, welche dieser Betrachtung zu Grunde liegt, geht wesentlich davon aus – und das ist eigentlich das, was ich besonders berühren wollte –, dass ein wissenschaftliches Interesse gar nicht vorliege, und dass auch für die grosse Masse der Menschen weiter nichts existire, als ein in der That ganz rohes Interesse der Neugierde. Der Feuilletonist gefällt sich darin, von Zeit zu Zeit zu sagen: „es ist allerdings sehr interessant", als ob das ein Vorwurf wäre. In dieser Beziehung scheint der Herr sich nicht recht klar gemacht zu haben, dass an sich das „Interesse" ein sehr mannichfaltiges sein kann, dass allerdings Manches blos interessant im Sinne der Neugierde ist, dass aber auch alles Andere, was wir im Sinne des Wissens, der fortschreitenden Erforschung der Natur und der Menschen erkunden, wesentlich nur dadurch uns näher tritt, dass es uns interessant wird. Ja, in der That, diese Menschenvorstellungen sind sehr interessant, für Jeden, der sich einigermaassen klar werden will über die Stellung, welche der Mensch überhaupt in der Natur einnimmt, und über die Entwicklung, welche das Menschengeschlecht durchmessen hat.

Wer das nicht begreifen kann, wessen Vorbereitung so gering ist, dass er nicht versteht, dass darin die wichtigsten und grössten Fragen, welche das Menschengeschlecht überhaupt aufwerfen kann, enthalten sind, wer glaubt, dass man einfach über solche Dinge zur Tagesordnung übergehen darf, der sollte am wenigsten Feuilletons schreiben. Zum Mindesten sollte eine Redaction sich zweimal bedenken, ehe sie solches Gerede in ihre Spalten aufnimmt.

Das wollte ich constatirt haben, indem ich zugleich bezeuge, dass wirklich ein positives wissenschaftliches Interesse höchsten Ranges sich an diese Vorstellungen anknüpft. Deshalb will ich auch diese Gelegenheit nicht vorübergehen lassen, ohne Hrn. H a g e n b e c k unseren besonderen Dank öffentlich auszusprechen und ihn zu bitten, sich durch derartige Angriffe nicht abzuhalten zu lassen, in der Weise fortzufahren, wie er es bisher zum grössten Nutzen der anthropologischen Wissenschaft gethan hat.

R. Virchow 1880

Norddeutsche Allgemeine Zeitung.

Morgen=Ausgabe.

Nr. 496. Berlin, Sonnabend den 23. Oktober 1880. 20. Jahrgang.

Norddeutsche Allgemeine Zeitung
Nr. 496, 23.10.1880,
Morgenausgabe

Die Eskimos versetzen den Eisbären des Zoologischen Gartens, der sich sonst durch seine beschauliche Ruhe auszeichnete, in wahrhaft fieberhafte Aufregung. So wie ein Eskimo sich seinem Käfig nähert, stürzt er mit lautem Grunzen an das Gitter und sucht dasselbe zu durchbrechen, um seinen geborenen Feind, den er trotz der langen Gefangenschaft sofort wieder erkennt, anzugreifen.

Auch unter den Thieren des Raubthierhauses rufen die Eskimos gewaltigen Aufruhr hervor, doch sind sie schwer zum Betreten desselben zu bestimmen, da sie eine unüberwindliche Angst vor Löwen und Tigern haben. Im Allgemeinen haben sich die Eskimos bereits ganz vortrefflich eingewöhnt, und namentlich hat der junge Tobias sich schon eine große Zahl Freunde erworben, die er mit einem freundlichen iltarnemek (Guten Tag) begrüßt. Das größte Vergnügen bereitet ihm das Kamutik suicksak (Schlittenfahren). Hurtig folgt er den Kingmiks (Hunden) mit seiner 20 Fuß langen Herautak (Peitsche), deren Schikubuk (Knallen) weithin hörbar ist. Abraham zieht das Nankatorit (Kahnfahren) dem Schlittenfahren vor. Tereganiak ist überhaupt kein Freund der Arbeit; er liebt es mehr, in stiller Beschaulichkeit sich philosophischen Betrachtungen hinzugeben: „schilalok obleme, kaugbot schilake, kangsabot Sonntag, innuit onuktut!" (Schlecht Wetter heute, morgen schön Wetter, übermorgen Sonntag, viel Leute dann!) meinte er gestern zu seinem Kollegen, und selbst der der Sprache Unkundige hörte es heraus, mit welchem Grauen er an die Aufregung dachte, die ihm stets ein Sonntag bereitet. Die

Sprache der Eskimos von Labrador unterscheidet sich wesentlich von der der Grönländer.

Vaterländische Lieder scheinen die Labrador-Eskimo nicht zu besitzen; zum Gesange benutzen sie deutsche Weisen in die Sprache ihres Landes übersetzt, wie: „Jarit dreissig inkasat, atik ulikatigi vagit" (Schier 30 Jahre bist du alt, hast manchen Sturm erlebt!).

Neue Preußische Zeitung.
Vorwärts mit Gott für König und Vaterland!

Neue Preussische Zeitung,
Nr. 249, 23. Oktober 1880,
S. 8

Im Zoologischen Garten erregt von den Eskimos besonders Abrahams Paulus die Aufmerksamkeit der Besucher. Derselbe zählt zu den Gebildetsten seiner Landsleute. Kurz vor seiner Abreise nach Europa hat er auf Grund eigener Reisen die Küste von Labrador mit ihren zahlreichen Buchten und Flußläufen kartographisch aufgenommen. Die Kartenskizze befindet sich zur Zeit in den Händen des Directors des Jardin d'Acclimatisation zu Paris, der sie der dortigen geographischen Belegschaft vorlegen will. Abraham besitzt auch viel Fähigkeit zum Figurenzeichnen. Er hat u.a. sein Selbstportrait in Tuschfarben ausgeführt, eine Leistung, welche, wie ungeschickt sie an sich erscheint, doch in Anlehnung der Ähnlichkeit auch höheren Anforderungen genügen würde. Abraham spielt außerdem Violine, schreibt und liest die Sprache seines Landes.

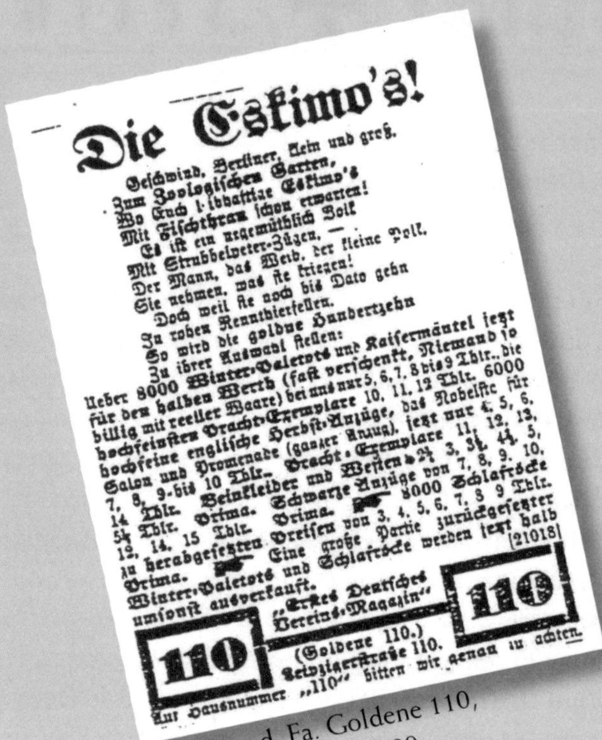

Die Eskimo's!

Geschwind, Berliner, klein und groß,
Zum Zoologischen Garten,
Wo Euch leibhaftige Eskimo's
Mit Fischthran schon erwarten!
Es ist ein ungemüthlich Volk
Mit Strubbelpeter-Zügen, —
Der Mann, das Weib, der kleine Polk,
Sie nehmen, was sie kriegen!
Doch weil sie noch bis Dato gehn
In rohen Rennthierfellen,
So wird die goldne Hundertzehn
Zu ihrer Auswahl stellen:

Ueber 8000 Winter-Paletots und Kaisermäntel jetzt für den halben Werth (fast verschenkt, Niemand so billig mit reeller Waare) bei uns nur 5, 6, 7, 8 bis 9 Thlr., die hochfeinsten Pracht-Exemplare 10, 11, 12 Thlr. 6000 hochfeine englische Herbst-Anzüge, das Nobelste für Salon und Promenade (ganzer Anzug), jetzt nur 4, 5, 6, 7, 8, 9 bis 10 Thlr. Pracht-Exemplare 11, 12, 13, 14 Thlr. Beinkleider und Westen à 2½, 3, 3½, 4½, 5, 5½ Thlr. Prima. Schwarze Anzüge von 7, 8, 9, 10, 12, 14, 15 Thlr. Prima. ☞ 8000 Schlafröcke zu herabgesetzten Preisen von 3, 4, 5, 6, 7, 8, 9 Thlr. Prima. ☞ Eine große Partie zurückgesetzter Winter-Paletots und Schlafröcke werden jetzt halb umsonst ausverkauft. [21018]

110 „Erstes Deutsches Vereins-Magazin" 110
(Goldene 110.)
Leipzigerstraße 110.
Auf Hausnummer „110" bitten wir genau zu achten.

Werbung d. Fa. Goldene 110,
in: Bohemia 15.10.1880

Neue Preussische Zeitung,
Nr 252, 27. Oktober 1880, Anzeige

Frau Ulrike!
Herr Abraham und Frau Ulrike,
Die Eskimos aus Labrador,
Die kommen sich mit Fell und Pike
Hier in Berlin ganz Spanisch vor!
Ulrike sprach zum Gatten neulich:
Dein Seehund-Frack ist unmodern,
Die Schürze steht dir ganz abscheulich –
Ich säh' dich mal als Stutzer gern!
Und Abraham, galanter Weise,
Fuhr gleich zur goldenen Hundertzehn,
Rief „Ei jong gni" beim Schleuderpreise
Und ließ gleich mit zu Muttern gehn:
Ueber 8000 Winter-Paletots und Kaisermäntel jetzt für den halben Werth (Niemand so billig mit reeller Waare) bei uns nur 6, 7, 8, 9 bis 10 Thaler. 6000 hochfeine englische Herbst-Anzüge, das Nobelste für Galen und Promenade (ganzer Anzug), jetzt nur 6, 7, 8, 9, 10, 11 bis 12 Thaler, Pracht-Exemplare 13, 14, 15, 16 Thaler. Beinkleider und Westen: 3, $3\frac{1}{2}$, $4\frac{1}{2}$, $5\frac{1}{2}$, 6, $6\frac{1}{2}$ Thaler. Prima. Schwarze Anzüge von 8, 9, 10, 12, 14, 15, 16, 18 Thaler. ☝ 8000 Schlafröcke zu herabgesetzten Preisen von 4, 5, 6, 7, 8, 9, 10 Thaler. Prima. ☝ Eine große Partie zurückgesetzter Winter-Paletots und Schlafröcke werden jetzt halb umonst ausverkauft.

„Erstes Deutsches Vereins-Magazin
(Goldene 110), Leipziger Straße 110
Auf Hausnummer 110 bitten wir genau zu achten

Norddeutsche Allgemeine Zeitung.
Abend-Ausgabe.
Nr. 501. Berlin, Dienstag den 26. Oktober 1880. 20. Jahrgang.

Norddeutsche Allgemeine Zeitung,
Nr. 501, 26.10.1880,
Abendausgabe

Die Eskimos von Labrador, die uns zur Zeit im Zoologischen Garten vorgeführt werden, sind die Angehörigen eines sich im rapiden Absterben befindlichen Volkes. Nach der letzten Zählung sind sämmtliche Stationen der Herrenhuter nur noch von 1100 Eskimos bevölkert. Die Einwohnerzahl von Hoffenthal allein hat sich im letzten Halbjahr um18 vermindert. Die wenigsten Kinder überschreiten das 6. Jahr. Da Nakwak, im Heimathsort des heidnischen Tereganiak, existiren nur noch 11 Familien mit ca. 40 Köpfen, eine andere heidnische Niederlassung zählt etwa 100, die dritte 40–50 Einwohner. Man kann fast schon das Jahr feststellen, wo das Volk der Labrador-Eskimos von der Erde gänzlich verschwunden sein wird.

Berliner Börsen-Courier, Berlin
29.10.1880,
Morgenausgabe, Beilage

Den Eskimos im Zoologischen Garten machen jetzt, wie wir dem Kl. Journ. entnehmen, in den Vormittagsstunden die hiesigen Lehranstalten klassenweise einen Besuch. Die nordischen Gäste haben ihre sichtliche Freude an der Berliner Schuljugend, die sich zwar Anfangs etwas schüchtern der „Colonie" nähert, aber schließlich außerordentlich zutraulich wird und sich dann mittels der Zeichensprache in höchst amüsant anzuschauender Weise lebhaft mit den pelzberockten Fremden unterhält. Besonderes Wohlgefallen scheinen „Tobias" und „Abraham" an dem männlichen Nachwuchs aus Spreeathen zu haben und mit gewissem Stolzgefühl schreiben beide ihre Namen auf die hingehaltenen Papierstreifen und Schmunzeln vergnügt, wenn die ABC-Schützen die überreichten Visitenkarten staunend betrachten und die Namen laut vorlesen. Auch die Frauen der Eskimos bekunden ein auffallendes Interesse für die fröhlichen Kinderschaaren. Nur „Tereganiak" bewahrt auch der Jugend gegenüber seine philosophische Ruhe und nahm vor mehreren Tagen, wo er sich bewegen ließ, mit seiner Ehehälfte ein heimathliches Lied zu singen, die ob dieses musikalischen Genusses von der „kleinen Welt" gespendeten Beifallsbezeugungen mit ungeheurem Gleichmuth auf, während Frau „Pägne" und „Ulrike", die unter allgemeiner Heiterkeit einen gar „wundersamen" Nationaltanz aufführten, sich durch die Anerkennung ihrer „graziösen" Kunstleistungen höchst geschmeichelt fühlten. Wenn endlich die Lehrer das Zeichen zum Abmarsch geben, drücken die Eskimos noch einmal den Scheidenden wie alten, lieben Freunden die Hand – und nicken ihnen noch aus der Ferne die letzten Abschiedsgrüße zu.

Berliner Börsen-Courier, Berlin
7.11.1880, Nr. 567
Abendausgabe, Beilage

Die ethnographische Ausstellung, die aus Anlaß der Anwesenheit der Eskimos im Tunnelsaal des Zoologischen Gartens arrangirt ist, hat dieser Tage einige interessante Bereicherungen erfahren. Außer instructiven von Abraham gefertigten Zeichnungen sind ihr Bootsmodelle einverleibt worden, die der alte Terenganiak mit bewunderswertem Geschick hier hergestellt hat. Auch von den Leuten hier angefertigte Bogen und Pfeile, sowie eine Collection Grönländisches Papiergeld sind neuerdings zur Ausstellung gekommen. Das Hauptinteresse der Ausstellung nehmen, der „Voss. Ztg." zufolge, jene Gräberfunde aus Knochen, Holz, Eisen und Stein in Anspruch, die in gleicher Reichhaltigkeit bisher kein Museum, auch das unsrige nicht, aufzuweisen hat. Die Funde entstammen zumeist heidnischen Gräbern; die in denselben gefundenen Schädel sind von Herrn Hagenbeck dem Prof. Virchow zum Geschenk gemacht worden.

Brief von Bruder Elsner an Bruder Reichel
Unitätsarchiv der Evangelischen Brüder-Unität, Herrnhut

Bremen, 10. November 1880

Lieber Bruder Reichel!

Du wirst Dich wundern, schon wieder einen Brief von mir zu bekommen. Ich hatte aber, wie ich dir, glaube ich, schon mitteilte, von den Eskimos im zoologischen Garten in Berlin geschickt, ihnen mehrere ermahnende, ernste, und viele trostreiche Worte zugerufen, denn dass sie schreckliches Heimweh haben werden, konnte ich nicht bezweifeln, sind sie doch Eingeborene von Labrador! Gestern nun kam das Antwortschreiben, von Abraham, der früher auch mein Pflegling war, welches ich alsbald übersetzte, um es Dir zuzusenden.

Einen kurzen mündlichen Bericht über die Lage dieser Eskimos, soweit sie aus Abrahams Schreiben ersichtlich ist, gab ich gestern Abend im hiesigen christlichen Männerverein.

Die Lage dieser armen bethörten Eskimos ging dem Männerverein sehr zu Herzen. Es wurden viele Anfragen an mich gerichtet, ob ich nicht nach Berlin reisen könnte, ehe sie vielleicht nach Petersburg, oder nach Paris geschleppt würden. Die Sache blieb unentschieden. Zuhause angekommen, wurden mir 40 Mark als Beihilfe zur Reise nach Berlin zugeschickt, so konnte ich nicht umhin, die Reise als vom Herrn kommend anzusehen.

Da nun aber laut heutigen Bericht in der Börsenzeitung, die die letzte Woche des Aufenthaltes in Berlin sein soll, erleidet die Sache, wenn sie überhaupt noch geführt werden soll, keinen Aufschub, und ich gedenke, so der Herr will, morgen früh nach Berlin abzureisen, mit dem Flehen zum Herren, dass Er Seinen Segen zu der Reise geben möge.

Die hiesigen Pastoren wollten gern den Brief von Abraham ins hiesige Kirchenblatt einrücken lassen. Ich bin bis jetzt ausgewichen, damit ihr unsere Blätter, falls er gedruckt wird nicht später bringen müssen als andere, denn aus dem Bremer Kirchenblatt drucken religiöse politische Blätter sehr viel ab. Nach meiner Rückkehr aus Berlin werde ich aber den Anfragen kaum mehr ausweichen können …

… A. F. Elsner

Berliner Börsen-Courier, Berlin
13.11.1880, Nr. 577
Morgenausgabe, Beilage

Ein interessantes Schauspiel wird morgen den Besuchern des Zoologischen Gartens geboten werden. Seit gestern tummelt sich in den Gewässern des Gartens ein munterer Seehund, der morgen nach allen Regeln Eskimosischer Jagdkunst erlegt und, nachdem ihn Mad. Pignu in landesüblicher Weise abgezogen und gebraten, verspeist werden wird. Die Seehundsjagd dürfte zu den interessantesten Vorführungen der Eskimo gehören. Der Seehund wird zunächst mit einer Harpune zu treffen gesucht, die eine lockere aufgesetzte Spitze hat, welche mittels Leine mit einem aufgeblasenen Seehundsbalg verbunden ist. Der getroffene Seehund sucht naturgemäß zu entweichen, der von ihm mitgezogene Seehundsbalg verräth ihn aber dem nacheilenden Eskimo, der ihm durch einen zweiten Wurf mittels Harpune mit letzter eiserner Spitze den Todesstoß versetzt.

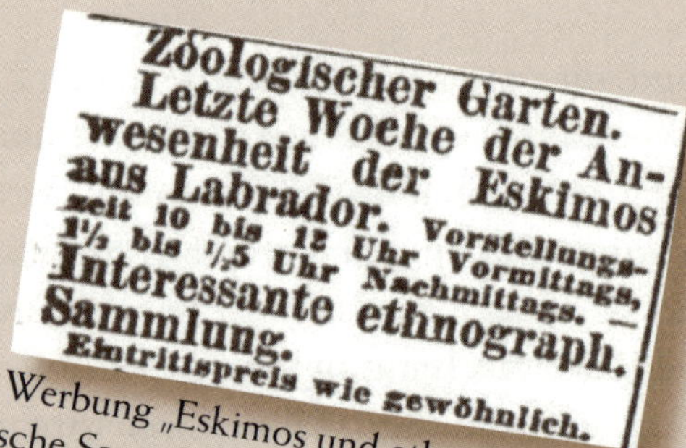

Zoologischer Garten.
Letzte Woche der Anwesenheit der Eskimos aus Labrador. Vorstellungszeit 10 bis 12 Uhr Vormittags, 1½ bis ½5 Uhr Nachmittags. — Interessante ethnograph. Sammlung.
Eintrittspreis wie gewöhnlich.

Werbung „Eskimos und ethnographische Sammlung" in Volks-Zeitung, 12.11.1880, Nr. 266

Zoologischer Garten.
Bei günstiger Witterung:
Sonnabend, den 13. November
sonst
Sonntag, den 14. November,
Nachmittags 3 Uhr:
Verspeisung eines Seehundes durch die Eskimo's.
Sonntag, den 14. November:
Letzter Tag der Anwesenheit der Eskimos.
Nachmittags 4 Uhr:
41. Sonntags-Concert.

Werbung „Verspeisung eines Seehundes durch die Eskimo's" in Volks-Zeitung: Organ für Jedermann aus dem Volke, Berlin, Sonnabend, 13.11.1880, Nr. 267

Berliner Börsen-Courier, Berlin
Dienstag, 16.11.1880, Nr. 582
Morgenausgabe, Beilage

Die Seehundjagd, die vorgestern Tausende in den Zoologischen Garten gelockt hat, gestaltet sich zu einem hochinteressanten Schauspiel. Der Seehund war in der Nacht zum Sonntag aus dem ursprünglich als Jagdterrain ausersehenen Teich zunächst dem Lager der Eskimos entschlüpft und hatte sich in das anstoßende Gewässer geflüchtet. Kurz nach zwei Uhr Nachmittags wurden die Kajaks der Eskimos dorthin geschafft und die Jagd nahm ihren Anfang. Der Seehund war ein schlauer Bursche, der sich zumeist unter Wasser aufhielt und nur ab und zu einen kurzen Moment auftauchte. Während Tobias in jugendlichem Übereifer von Anfang an natürlich ohne Erfolg den behänden Seehund mit seiner Harpune zu treffen suchte, während Abraham ein etwas ‚unruhiger' Jäger, planlos mit seinem Kajak den Teich durchfurchte, saß der alte Tereganiak, in seinem Boote gebeugt, ruhig auf dem ‚Anstand'. Es waren dazwischen dreiviertel Stunden verstrichen, plötzlich taucht der Seehund wenige Schritte vor Tereganiak's Kajak wieder auf, ein kurzer Griff nach der bereitliegenden Harpune, ein schneller Wurf und der Seehund hat das todbringende Eisen im Rücken. Lauter Beifall begrüßte den befriedigt schmunzelnden Jäger. Abraham gab dem Thiere den Todesstoß und damit war die Jagd beendet. Im Sommerzelt vor dem Orchester hatte Frau Ulrike bereits das Feuer entzündet. Dort wurde der Seehund gebraten und von den Eskimos mit viel Behagen verzehrt.

Ausschnitt aus: Missionsblatt aus der Brüdergemeine,
Nr. 12, December 1880, S. 223–226
Unitätsarchiv der Evangelischen Brüder-Unität, Herrnhut

Bei den Eskimo im zoologischen Garten.
(Auf Wunsch des Missions-Departements mitgeteilt
von Br. A. v. Dewitz)

Es war eine eigenthümliche herzbewegende Nachfeier des Missionsfestes im Berliner Brüdersaale, als wir Tags darauf – 8 Geschwister an der Zahl – am Montag den 25.Oct. vormittags, unsre „Geschwister aus Hebron" im zoologischen Garten Berlins besuchten. Br. Kern, den Lesern des Missionsblattes als früherer Labrador-Missionar bekannt, und ich gingen in speciellem Auftrag des Missions=Departements dorthin. – Ja, da kamen sie; Abraham eilenden Laufs, als er seinen alten Lehrer erblickte, drauf der Jüngling Tobias, dann Ulrike, des ersteren Frau mit der kleinen, rührenden, erst 11 Monate alten Martha (Maria) und der vierjährigen Sara; bald näherten sich auch die Heiden: Terrieniak (Fuchs) und sein 50jähriges Weib Paingu (Heimweh), letztere, wie auch die später sich zeigende Tochter Nochavak (junges Rennthier) mit langen Perlengehängen in den Ohren. Herzlich schüttelten wir allen die Hand; mit leuchtendem Auge begrüßten unsere Christen besonders Br. Kern, an den Abraham schon Tags zuvor ein Briefchen gesandt hatte.

„Die großen Lehrer senden uns zu Euch" – in ihrer Sprache zu Abraham gewandt – „Sie sind sehr betrübt, dass ihr so töricht gewesen seid, hieher zu kommen, es wird euch nicht gut thun, aber ihr seid nun einmal hier, und da lassen sie euch herzlich grüßen als unsere Brüder und Schwestern, und lassen euch ermahnen, dass ihr als Christen wandeln und dem Heiland treu bleiben möchtet!"

Und ähnlich ward weiter mit ihnen geredet. Nach der ersten Freude hatte sich auf Abrahams Gesicht ein Zug der Verlegenheit deutlich abgemalt, er mochte erwarten, ein schärferes Wort des Tadels zu hören. Doch was hätte das heute genutzt? Jetzt galt es, ihr Vertrauen zu gewinnen, und ihnen zu zeigen, dass die Liebe der deutschen Geschwister ihnen nahe sei. Bald kehrte auch der Abraham eigenthümliche kindliche – und ich darf wohl sagen – ehrliche Ausdruck in seinem breiten Gesichte wieder, und er versicherte bewegt, dass sie's schon einsähen, dass sie thöricht gehandelt, und sie ließen den großen Lehrern sagen, dass sie das Böse, was ihnen in den Weg kommen würde, nicht ansehen wollten, und dass sie den Herrn Jesum bitten wollten, dass er sie treu erhielte. Im Augenblick war's jedenfalls ernst gemeint. Auch hörten wir mit Freuden, dass Abraham seines Hausvateramtes treulich wartet, und mit den Seinen täglich Morgen- und Abendsegen hält. Gesangbuch, Bibel und Losungsbuch in Eskimo führen sie bei sich. Ein erhebender Augenblick war's, als wir 8 Geschwister darnach mit unsern christlichen Eskimo in ihrer, den heimischen Hütten nachgebildeten, Wohnung versammelt waren, und sie uns erst in ihrer Sprache vorsangen, und wir schließlich miteinander in beiderlei Zungen bewegt unsern Bundesvers: „Die wir uns allhier beisammen finden" anstimmten. Gegen drei Stunden verbrachten wir bei ihnen innerhalb ihrer Umzäunung, und konnte noch Manches mit ihnen geredet werden, während sie dem draußen stehenden Publikum mehrfach ihre Künste in Kajak- und Schlittenfahren und Aehnlichem produciren mussten. Weitere Einzelheiten müssen hier beschwiegen werden.

Aber Zweierlei kann ich nicht umhin auszusprechen:
Zum Ersten: Wir hatten Alle einen unwillkürlichen Eindruck davon, daß unsrer Brüder Arbeit draußen auch an diesen Armen nicht vergeblich gewesen ist, durch des Herrn Gnade. Nur ein Blick auf der beiden Christen Antlitz und dann auf das schlaue, listige, von langem Haar unordentlich umhangene Gesicht der Heiden genügte, um zu fühlen, daß dort ein Neues angefangen habe, und je länger wir weilten, desto stärker ward der Eindruck. Terrieniak, der aus der Nachvak Bay stammt, ist mit dem Evangelium nicht unbekannt. Dr. Kern wandte sich mahnend auch an ihn. Mit häßlichem Lächeln erwiderte er: o, er wisse das Alles von „Samuele" her (Dr. Samuel

Weiz); lächelnd antwortete er auf weiteres Bitten, er werde sich in Labrador nach der Rückkunft bekehren. „Und weißt du denn, ob du zurückkommen wirst?" hieß es von unsrer Seite. Da ward er stumm und zog sich in den Hintergrund. Ich will nichts von den mancherlei Geschicklichkeiten Abrahams erwähnen, – davon berichten die Zeitungen schon, – auch nicht näher sein anständiges Benehmen schildern, das den „civilisirten" Eskimo sofort erkennen ließ, doch beobachteten wir's mit stillem Vergnügen; ist doch auch das eine Frucht der Arbeit unsrer Brüder, die der Herr geschenkt hat.

Zum Andern: Wir haben die wohltuende Überzeugung gewonnen, daß unsre Eskimogeschwister unter den nun einmal vorhandnen Umständen so gut aufgehoben und beaufsichtigt sind wie nur irgend möglich. So wenig wir bei aller Betrübnis unsrerseits hart darüber richten wollen, daß jene armen Leute um des Gewinnes willen den guten Rath ihrer Lehrer in den Wind geschlagen haben – sie sind eben Kinder von Naturell ihr Leben lang, – so wenig wollen wir auch mit denen richten, die von einem anderen Standpunkt aus, als der unsere ist, in solcher durch Monate sich hinziehenden Schaustellung nichts Bedenkliches finden.

Ich halte es vielmehr für meine Pflicht, um etwaige irrige Meinungen zu berichtigen, an dieser Stelle mit Dank anzuerkennen, dass für das leibliche wie geistige Wohl der Eskimo mit Liberalität und Umsicht gesorgt wird. Wir hatten das Glück, Herrn Hagenbeck selbst kennen zu lernen, der an diesem Morgen grade im Interesse jener Leute herbeigeeilt war. Es liegt ihm an, nicht nur für passende Ernährung der Eskimo, ohne Rücksicht auf etwaige eigne Opfer dabei, sondern auch für das sittliche Wohl derselben zu sorgen. Darum wohnen die Christen und Heiden in getrennten Hütten; geistige Getränke werden auf das strengste fern gehalten, und, soviel irgend möglich ist, wird auf beständige Beschäftigung gesehen, durch eigene Bereitung der Speisen, durch allerlei Näh- und Schnitzarbeit und dergl. mehr. Ein erfahrener und gewandter Agent des Herrn Hagenbeck ist beständig zur Beaufsichtigung bei den Eskimo, und hat derselbe versprochen, in etwa nöthigen Fällen unsern Br. Kern brieflich benachrichtigen zu wollen. Wir selbst fanden in jeder Beziehung das liebenswürdigste und eingehendste Entgegenkommen.

Zu besonderer Freude gereichte es uns, von dem Director des zoologischen Gartens, Herrn Dr. Bodinus, der gleichfalls anwesend war, mit größter Bereitwilligkeit die Erlaubnis zu erhalten, dass unsere Eskimogeschwister am nächsten Abend zu einer Versammlung im Brüdersaal abgeholt werden dürften. Abrahams und der Seinen Augen leuchteten auf, als ihnen das mitgetheilt werden konnte. Ich würde gern eine nähere Schilderung dieses eigenthümlichen Missionsabend geben, doch darf der Raum des Missionsblattes nicht allzu sehr in Anspruch genommen werden, und wird Näheres darüber wohl das „Herrnhut" bringen. Die an jenem Abend nicht im Seehundspelz, sondern in dem weißen Abendsmahlsüberwurf fröhlichen Angesichts zunächst bei passendem und reichlichem Liebesmahl in engerem Kreis so sittsam zulangenden Eskimo, – die bewegten Mienen derselben, als nach deutschem Gesang und Ansprache, ihnen durch Br. Kern in ihrer Zunge das Wort verkündigt ward, – der Augenblick, wo die ganze Gemeine mit ihnen die Knie beugte, und ein herzliches Gebet mit dem Vaterunser schließend in Eskimosprache zu dem Herrn emporstieg, der auch hier seinen thörichten Schäflein nachgegangen ist, – die herzliche Freude in ihren Mienen, als sie deutschen Chorgesang und die Posaunenklänge des Kirdorfer Bläserchors vernahmen, – das sind alles Bilder, die denen unvergessen bleiben werden, die jenem Abend beiwohnen durften. Hier verschwand – mir ist's wenigstens so gegangen – für einen Augenblick der Kummer über die Folgen, die der übereilte Schritt unsers Abraham und Tobias ohne des Herrn ganz besondere Hülfe haben muß; hier überwog der Dank gegen den Herrn, unter uns Seelen zu haben, die er der Arbeit unserer Brüder geschenkt hat, schwache Kinder, aber doch Kinder des einen Herrn, der uns und sie erkauft hat mit Seinem Blut.

Möchte der Eindruck von ihnen noch der gleiche sein, wenn sie nach der langen Reise über Frankfurt a./M., Paris, Wien und St. Petersburg von Dresden aus, wie ihnen und uns versprochen worden ist, etwa Ende März in der Mitte der Herrnhuter Gemeine besuchen dürfen. Wir haben sie lieb gewonnen. Der Herr walte über ihnen! Und ihr, lieben Missionsfreunde nah und fern, helft beten:

Breit aus die Flügel beide, – O Jesu unsere Freude!
Nimm diese Küchlein ein!
Will Satan sie verschlingen, – So laß die Engel singen:
Sie sollen unverletzet sein!

Frankfurter Nachrichten, Frankfurt, 3.12.1880

In der Nacht vom 30. November zum 1. December hat unsere Stadt einen ebenso seltenen, als interessanten Zuwachs erhalten, zwei Eskimofamilien nämlich, zusammen 8 Köpfe stark. Die hohen, oder vielmehr die aus dem hohen Norden kommenden Herrschaften trafen gerade noch zeitig genug hier ein, um bei der Volkszählung mit einbegriffen zu werden. Herr Carl Hagenbeck aus Hamburg, derselbe, welcher uns ferner Zeit mit den Kindern des Südens, den Nubiern bekannt machte, hat uns auch diese, aus den nördlichsten bewohnten Erdstrichen stammenden Gäste hierhergebracht. Und Kinder sind sie, sowohl Diese wie Jene; denn trotzdem die sogenannte Kultur schon gar mächtig auf sie eingewirkt, bleibt für uns doch immer noch genug des Interessanten und Naturwüchsigen an ihnen zu beobachten und vielleicht auch zu bewundern.

Bekanntlich unterscheidet man zwei in ihrer Eigenart ziemlich verschiedenen Stämme unter diesen Bewohnern der Nordpolarländer: die Grönländer nämlich und jene Stämme, welche die Küsten von Labrador, also das amerikanische Festland bewohnen. Unsere Gäste gehören der letzteren Kategorie an; sie stehen, genau genommen, unter englischer Oberhoheit, aber England scheint sich nicht sonderlich viel aus diesen „Untertanen Ihrer Majestät" zu machen, es befinden sich wenigstens keinerlei englische Beamte in jener Gegend, so daß diese trotz aller Civilisationsbestrebungen noch höchst naiven Naturkinder gänzlich in die Hände der Hudson-Baicompagnie resp. der Herrnhuter-Colonie gegeben sind. Ob dies gerade zu ihrem Vorteil gereicht, möchte man nach den uns gewordenen persönlichen Mittheilungen des J.A. Jacobsen fast bezweifeln. Dieser Herr nämlich, welcher im Auftrag Hagenbeck's ausgesandt war, die Eskimos in ihrem Heimathlande und sie zu ihrer „Rundreise" nach dem europäischen Festlande zu bestimmen, kann nicht genug von der Abhängigkeit erzählen, in welcher sich dieselben in ihrer Heimath den genannten gegenüber befinden.

Nicht genug, daß die Eskimos ihre gesamten Bedürfnisse nur durch deren Vermittlung beziehen können, sind dieselben auch persönlich so abhängig von ihnen, daß keiner z.Z. es wagen würde, ohne besondere Erlaubnis das Land auch nur vorübergehend zu verlassen. Die dänische Regierung aber auf Grönland, ebensowohl wie die Herrnhuter in Labrador, haben ihre ganz gewichtigen Gründe, ihre Untergebenen möglichst von der gesammten Außenwelt abgeschlossen zu halten. Besonders stellen sie sich einem Besuch derselben in Europa energisch entgegen, müßten sie doch befürchten, dieselben könnten bei dieser Gelegenheit über den wirklichen Werth der von ihnen in Tausch gegebenen Jagdproducte sowohl, wie über den reellen Preis der dagegen eingetauschten Materialien allerlei Unliebsames erfahren.

So gelang es denn Herrn Jacobsen nur nach langen Irrfahrten zwischen der Westküste Grönlands, Cumberlands und Labrador endlich in dem zuletzt genannten Striche zwei Eskimo-Familien aufzutreiben, welche sich unabhängig genug fühlten, trotz Allem und Allem die für sie durchaus verlockende Reise nach Europa mitzumachen. Denn verlockend war diese Reise für alle in der That und wenn es möglich gewesen wäre, die ganze nur etwa 2000 Köpfe zählende Eskimobevölkerung Labradors wäre am liebsten in corpore mit nach Europa gezogen, denn die Erzählungen, welche drei ihrer Landsleute, die bekanntlich vor 3 Jahren als die ersten in Europa gewesen, über ihre Reiseerlebnisse ihnen seither gemacht und die ziemlich bedeutenden Geldbeträge, welche dieselben von dort mit heim gebracht, machten in der ganzen Bevölkerung den lebhaften Wunsch rege, auf eben so leichte und angenehme Art, wie diese drei reich zu werden. So aber durfte sich Herr Jacobsen glücklich schätzen, auch nur diese zwei Familien für sein Unternehmen gewonnen zu haben und nachdem dieselben sich in Berlin und Prag producirt hatten, kamen sie wie gesagt, am letzten November spät Abends hier an.

Im Zoologischen Garten hatte man vorher schon, rechts und links des Musikpavillons, zwei Erdhütten für sie aufgeschlagen. Es sind diese Hütten, wenn auch nicht von den Eskimos selber, so doch genau nach einem Modelle ihrer heimathlichen Wohnungen ausgeführt. Die sogenannten wilden Eskimos, d.h. diejenigen, welche noch bis zu einem gewissen Grade ihre Freiheit von den Missionären erhalten haben, wohnen im Sommer unter Zelten, im Winter aber in Erdhütten, ähnlich denen, welche wir im Zoologischen Garten ausgeführt sehen.

Dieselben sind zum Schutz gegen die Kälte in die Erde gegraben und bestehen aus einem Bretterverschlag, der nach Außen durch aufgeschüttete Erde, hier durch Rasen gedeckt ist. Die eigentlichen Eishütten werden nur von denen gebaut, welche soweit nördlich wohnen, daß sie weder Erde noch Treibholz auftreiben können. Ein mehrere Schritte langer, ebenfalls mit Erde überdeckter Gang führt zu der stets nach Süden liegenden Thüre dieser Hütten. Das Innere derselben, wenigstens wie wir es im Zoologischen Garten sehen, ist nach allen Dimensionen hin sauber mit Brettern verkleidet, doch sollen, wie uns Herr Jacobsen versichert, auch die Hütten in Labrador sich desselben Luxus erfreuen. Sogar Thürbänder und Schlösser fehlen den kleinen, etwa 15' auf 20' messenden Hütten nicht; dafür sorgen schon die Niederlagen der Herrnhuter, welche diese und viele andere Luxusartikel den ursprünglich so anspruchslosen Einwohnern nach und nach zum Bedürfnis gemacht haben. Das Einzige, was an den Hütten noch nicht von europäischer Kultur beleckt erscheint, sind die aus Seehundsdärmen hergestellten, halb durchsichtigen Fenster, deren sich in jeder Hütte eines im Dache befindet. Etwa ½ Meter über dem Boden findet man dem Eingang gegenüber, die gemeinsame Schlafstelle. Dieselbe ist zwar reichlich mit Fellen ausgestattet, doch erinnern auch hier wieder sehr civilisirt aussehende Matratzen an das europäische Kulturleben.

In der Hütte links, westlich des Musikpavillons befindet sich die christliche Eskimofamilie untergebracht. Dieselbe stammt aus der ziemlich weit nördlich gelegenen Colonie Nakkwak und besteht aus dem Familienoberhaupt Abraham, seiner Frau Ulrike, deren beiden Töchterchen Sarah und Marie, sowie dem „Hausfreund" Tobias. Abraham ist 35 Jahre alt, er ist der intelligenteste von Allen, wenn auch keineswegs der Schönste oder besser gesagt, der am wenigsten Häßliche der Gesellschaft. Er versieht gleichzeitig das Amt des Dolmetschers, kann lesen und schreiben, soll auch „musikalisch" sein und sich sogar in der Kunst des Zeichnens versuchen, doch hatte der nordische Tausendkünstler vorgestern über dem Auspacken seiner Habseligkeiten und bei dem Umzug in die neue Wohnung noch nicht Zeit und Muße gefunden, sich in seiner ganzen Vielseitigkeit zu produciren.

Seine Frau Ulrike, wenn auch gerade keine Venus, ist doch von leidlichem Aeußern, sie ist 24 Jahre alt, und im Besitze der genannten zwei speckbäckigen Kinder, von denen das älteste 3½ Jahr, das jüngste noch nicht ganz 1 Jahr alt ist. Tobias der „Hausfreund" ist in dem glücklichen Alter von 21 Jahren und trägt, da ihm die Sorgen der Militärpflicht wie auch wohl viele andere mit der Kultur im Zusammenhang stehende Unbequemlichkeiten gänzlich unbekannt sind, ein ewig lächelndes, thranglänzendes Vollmondgesicht zur Schau. Ueber die äußere Erscheinung der gesammten Herrschaften brauchen wir uns hier wohl nicht näher auszulassen, da diese ja durch Bild und Wort schon längst zur Genüge bekannt ist und die hier anwesenden Eskimos im Allgemeinen aber denjenigen Vorstellungen entsprechen, welche wir uns von ihnen zu machen gewohnt sind. Sie haben durchgehends einen kurzen, gedrungenen Körperbau und wenn sie auch nicht ganz so zwerghafter Gestalt, wie ihre grönländischen Namensvettern sind, so erreichen sie trotzdem kaum die mittlere Körpergröße. In Folge ihrer aus Seehundsfellen bestehenden Kleidung erscheinen sie aber noch viel gedrungener und rundlicher, als sie es in Wirklichkeit sind. Denkt man sich hierzu nun noch den überaus von dichtem, langen, strähnigen, schwarzen Haaren bedeckten Kopf, den ledergelben Teint, die schiefgeschlitzten, tiefstehenden Augen und den großen Mund, so erhält man daraus ein Bild, in welchem sich Häßlichkeit, Guthmütigkeit und Komik auf die angenehme Art vermischen. Das Letztere, die Komik kommt besonders bei den Frauen in Folge ihrer eigenartigen Tracht so recht zum Durchbruch. Dieselben tragen nämlich außer den obligaten Seehundsstiefeln und Hosen auch noch ein frackähnliches Oberkleid, dessen Anhängsel ihnen wie ein Biberschwanz hinten nachbaumelt. Eine große Kapuze vervollständigt dieses, keiner Pariser Mode unterworfene Promenadenkleid und Frau Ulrike, verehelichte Abraham, benutzt die, ja jetzt auch bei unseren Damen wieder in Aufnahme gekommene Kapuze einfach dazu, um ihren Sprößling Marie darin unterzubringen. Noch komischer wird dieser weibliche Seehundsfrack, wenn bei eintretender Kälte ein zweiter, dritter, ja sogar vierter ditto darüber gezogen wird. Man täuscht sich nämlich sehr, wenn man glaubt, die Eskimos seien abgehärtet und gegen die Kälte im höchsten Grade unempfindlich. Grade das Gegentheil ist der Fall und nur durch ihre so überaus warme Kleidung vermögen sie sich gegen die für sie so empfindliche Wirkung der Kälte zu schützen und die Erfahrung hat gezeigt, daß wir Europäer viel leichter die Unbilden des nordischen Klimas zu ertragen vermögen, wie die Eingeborenen. So konnte man gestern Morgen schon, da das Thermometer doch noch einige Grade über Null stand, die Frauen mit zweien Frackröcken übereinander gezogen herumlaufen sehen. Uebrigens scheint diese ganze „Nationaltracht", wenigstens in den zum Christenthum bekehrter Familien sehr schnell zu verschwinden und die Frauen in der Mission schämen sich sogar jetzt schon derselben, indem sie mit Vorliebe der europäischen Mode folgen und wollne Röcke anlegen. Nur mit Mühe konnte man die Angehörigen der Familie Abraham dazu bewegen, während ihres Aufenthaltes in Europa zu der Väter Sitte zurückkehren. Ganz unbedingt ist das jedoch auch nicht geschehen, denn bei den Männern schauen unter dem Seehundsfell europäische Weste und Hemden hervor, während die 3jährige Sarah, obschon auch sie bereits im Besitz von Biberschwanz und Kapuze ist, ihr Köpfchen durch eine gehäkelte Wollenkapuze schützt. Die Kleider, aus Seehundsfell gearbeitet, entbehren trotz aller Ungeschicklichkeit der Form nicht einer gewissen Eleganz, indem man durch Zusammenstellung verschiedener Pelzarten und Farben es verstanden hat, gar nicht übele Abwechslung in dieselbe hineinzubringen.

Die zweite der beiden Hütten, östlich vom Musikpavillon gelegen, beherbergt die noch nicht zum Christenthum bekehrte Familie; dieselbe besteht aus dem 40 Jahre alten Tigganiak, seiner wohl 10 Jahre älteren Frau Paieng und deren 15jährigen Tochter Noggasak. Die Familie ist insofern interessanter, als die zuerst genannte, da die Kultur an ihrer Ursprünglichkeit noch nicht allzuviel verwischt hat. Die Glücklichen leben in ihrer Heimath mit 3 anderen Familien zusammen, abgeschieden von aller Welt, ohne eine Ahnung von „Obrigkeit" und Allem, was damit zusammenhängt zu haben. Der Selbsterhaltungstrieb regelt ihr ganzes Dasein, sie kennen keine andere Aufgabe, als die, ihren Magen mit Speck und ihre Lampe mit Thran zu versorgen, eine Aufgabe, welche unter den obwaltenden Umständen allerdings schon groß genug erscheint, ein ganzes Menschendasein auszufüllen. Nebenbei treibt Tigganiak allerdings auch noch das Geschäft eines Zauberers, worin er von seiner besseren Hälfte gelegentlich unterstützt wird. Madame Paieng ist das vollendete Muster aller weiblichen Häßlichkeit, dabei soll sie aber im Gegensatz zu Frau Noggasak, ihrer Tochter, welche große Stupidität nachgesagt wird, eine Dame von nicht unbedeutendem Mutterwitz sein. Im Uebrigen haben auch diese, die sogen. wilden Eskimos, wenigstens was die Verpflegung anbelangt, sich sehr schnell an die Segnungen der Kultur gewöhnt, denn wenn man ihnen auch in den ersten Tagen ihres Aufenthaltes in Europa ihr Nationalgetränk, den Leberthran, auf Verlangen geben mußte, so haben sie jetzt gar keine Sehnsucht mehr danach und begnügen sich mit Fisch und Fleisch.

Die Eskimos führen selbstverständlich ihre sämmtlichen Haushaltungs- und Fischereigeräthe mit sich, außerdem haben sie auch noch eine Koppel der bekannten, zum Ziehen ihrer Schlitten benutzten halbwilden Hunde mitgebracht. Es sind das ganz prächtige, wolfs-ähnliche starke Thiere, die übrigens nach Aussage ihrer Führer ebenso dumm wie ungebärdig und gefräßig sind, so daß es ihren Herren nur unter stetiger Anwendung der colossalen Peitsche gelingt, sie in Zucht und Ordnung zu halten. Die grauen Thiere gehören der Grönländer Rasse an, während die schwarzen in Labrador heimisch sind. In den Morgenstunden des vorgestrigen Tages, während welchen wir Gelegenheit hatten, die Fremdlinge zu beobachten, kamen dieselben allerdings noch nicht dazu, uns ihre Geschicklichkeit im Fahren mit dem genannten Hundeschlitten, wie auch mit ihren bekannten Booten, den Kajaks, zu zeigen, doch werden sie dies wohl in den nächsten Tagen redlich nachholen. Außerdem hat Herr Hagenbeck auch noch eine große Sammlung von grönländischen Alterthümern und Geräthen der Eingeborenen mitgebracht, mit deren Ausstellung man gestern beschäftigt war.

Brief an Bruder Reichel von Bruder Elsner
Unitätsarchiv der der Evangelischen Brüder-Unität, Herrnhut

Bremen d. 18. Jan. 1881

Lieber Bruder Reichel!

Heute habe ich Dir die mich, und uns alle tief ergreifende Mitteilung zu machen, dass die Eskimos in Paris alle vom Herrn heimberufen worden sind. Ich glaube, dass ich mit meinen letzten Zeilen an Dich noch den Heimgang des zweiten Kindes des Abraham und der Ulrika auf das Couvert des Briefes notierte. Auch diese Nachricht gelangte durch Herrn Hagenbeck an mich. Kurze Zeit, (zwei oder drei Tage darauf) schrieb mir Herr H. auf meine Anfrage bei ihm, wol als Antwort auf meine telegrafische Anfrage: „dass ich bei den Pockenkranken Eskimos in Paris nicht würde vorgelassen werden." Das erleichterte mir den Entschluß von der Reise nach Paris, der sich so viele ernstliche Hindernisse entgegen stellten, wenigstens so lange ab zu sehen, bis der Herr den Weg etwas würde geebnet haben; aufgegeben war die Reise aber noch keinesweges. Da überrascht uns aber nun heut Abend die Trauerkunde von ihrem Heimgange, der auch Herrn Hagenbeck sehr nahe geht. Die Mitteilung aus Paris scheint ein Telegram zu sein, und nähere Angaben fehlen. Herr H. schreibt nur noch: „Meine Geschäftsführer werden noch 14 Tage in Paris verweilen, und werden auf dem Heimwege zu Ihnen kommen."

Es ist ein großer Trost in dieser sehr traurigen Vorkommenheit, dass die Eskimos so ganz auf ihren Heimgang vorbereitet, ja darauf gestellt waren. Sie haben dem Herrn und der Mission keine Schande gemacht, sondern sind, wo sie auch waren, wol überall, auch ohne Worte, weil sie ja nicht verstanden wurden – ein Beweis davon gewesen, dass der Glaube an das Versöhnungsleiden des Heilandes, in dem sie lebten, ein neues Herz und ein neues Wesen schafft. Von den Dingen dieser Erde waren sie los, bis auf den einen Wunsch: ihre Angehörigen noch einmal zu sehen, doch auch darin waren sie in den Willen des Herrn ergeben.

Bruder Elsner

Protokoll des Missions-Departements 1881
Unitätsarchiv der der Evangelischen Brüder-Unität, Herrnhut

23. Februar 1881, S. 103

Hebron, 16. August 1880. Schon am 5. August kamen die Briefe der Cordelia u Harmony an. – Eine besonders schwere Erfahrung war den Geschwistern der Heimgang des kleinen Albert Haugk in Folge des Verbrühens durch einen Fall in heißes Wasser. Im Uebrigen war der Gang im Aeußeren und Inneren ein guter. – Als am 10. August ein Herr Jakobsen aus Hamburg, der für den Menageriebesitzer Hagenbeck reist, und u. A. auch Eskimos zur Schaustellung in europäischen Städten sucht, mit einem Schooner erschien, erklärten ihm die Geschwister, daß sie ihm dazu weder helfen könnten noch wollten. Er konnte die Bedenken nicht theilen, und trotz ihres Widerstrebens wäre aus der Sache etwas geworden, da eine Familie schon zugesagt hätte, wenn es dem Herrn Jakobsen nicht um 8–10 zu thun gewesen wäre. Da die Geschwister wissen wollen, wie sie sich in solchen Fällen zu verhalten haben, so spricht Dep. Seine volle Zustimmung zu ihrem Verhalten aus.

Der Missionsbeitrag ist £ 2, 12, 4.

G. Kretschmer,
W. Haugk,
Ad. Hlawatschek.

Die Harmony unter vollen Segeln
Unitätsarchiv der Evangelischen Brüder-Unität, Herrnhut

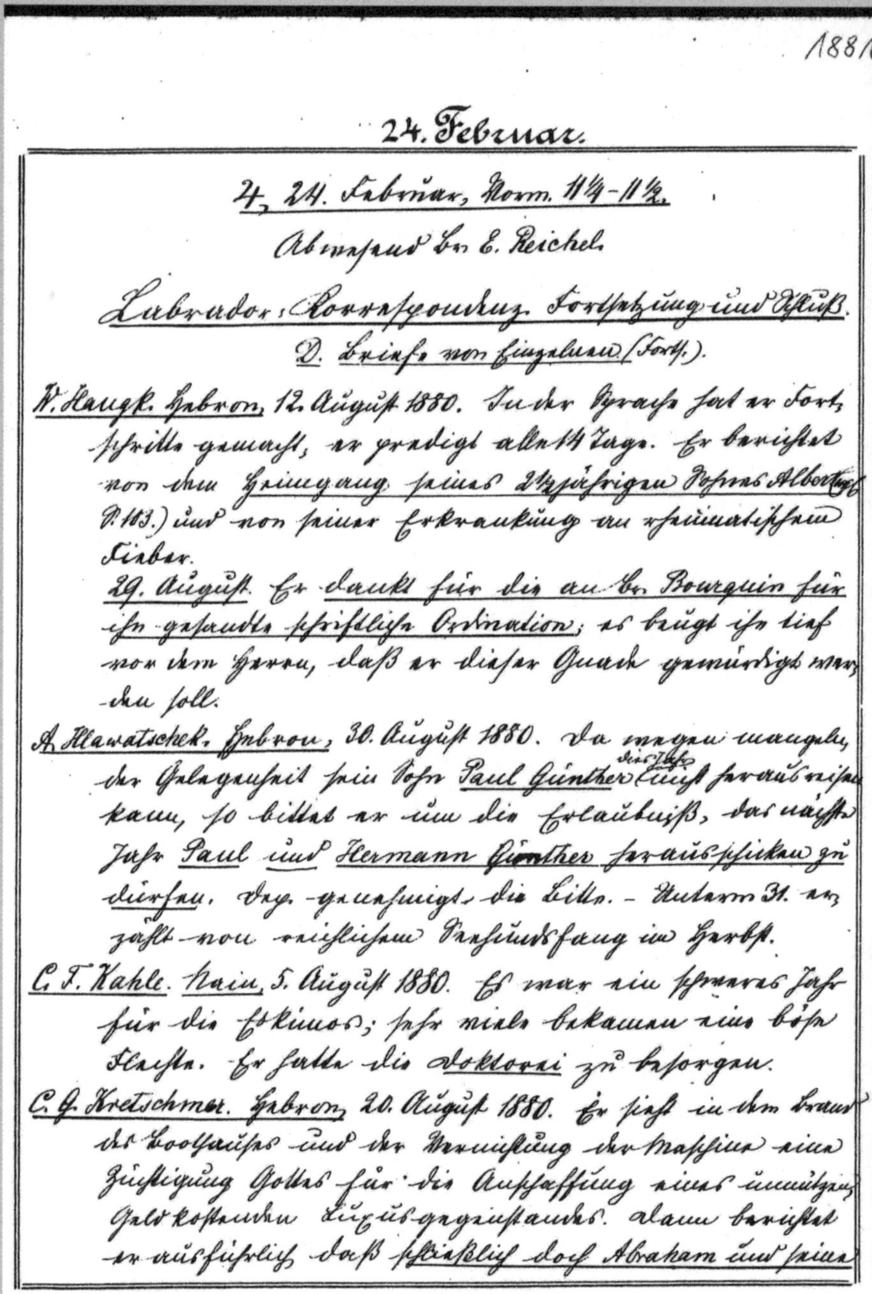

1881

24. Februar.

4, 24. Februar, Vorm. 11¼–11½.

Abwesend Br. E. Reichel.

Labrador-Korrespondenz. Fortsetzung und Schluß.

D. Briefe von Einzelnen (Forts.).

W. Haugk. Hebron, 12. August 1880. In der Sprache hat er Fortschritte gemacht, er predigt alle 14 Tage. Er berichtet von dem Heimgang seines 2¼jährigen Sohnes Albert (S. 113.) und von seiner Erkrankung am rheumatischen Fieber.

29. August. Er dankt für die an Br. Bourquin für ihn gesandte schriftliche Ordination; er beugt sich tief vor dem Herrn, daß er dieser Gnade gewürdigt werden soll.

A. Hlawatschek. Hebron, 30. August 1880. Da wegen mangelnder Gelegenheit sein Sohn Paul Günther dies Jahr nicht herausreisen kann, so bittet er um die Erlaubniß, das nächste Jahr Paul und Hermann Günther herausschicken zu dürfen. Dep. genehmigt die Bitte. – Unterm 31. erzählt von reichlichem Seehundsfang im Herbst.

C. F. Kahle. Nain, 5. August 1880. Es war ein schweres Jahr für die Eskimos; sehr viele bekamen eine böse Flechte. Er hatte die Doktorei zu besorgen.

C. G. Kretschmer. Hebron, 20. August 1880. Er sieht in dem Brand des Boothauses und der Vernichtung der Maschine eine Züchtigung Gottes für die Anschaffung eines unnützen Geld kostenden Luxusgegenstandes. Dann berichtet er ausführlich, daß schließlich doch Abraham und seine

Auszug aus Protokoll des Missions-Departments 24. Februar 1881, Unitätsarchiv der Evangelischen Brüder-Unität, Herrnhut

Protokoll des Missions-Departments 1881, 24. Februar, S. 107
Unitätsarchiv der Evangelischen Brüder-Unität, Herrnhut

4, 24. Februar, Vorm 11¼–11½.
Abwesend Br. E. Reichel
Labrador Correspondenz, Fortsetzung und Schluß.
D. Briefe von Einzelnen (Forts.).

[...]

C. G. Kretschmer, Hebron, 20. August 1880. Er sieht in dem Brand des Bootshauses und der Vernichtung der Maschine eine Züchtigung Gottes für die Anschaffung eines unnützen, Geld kostenden Luxusgegenstandes. Dann berichtet er ausführlich, daß schließlich doch Abraham und seine Familie sich von Herrn Jakobsen haben gewinnen lassen, und bezeugt, daß es zwar mit ihrem Vorwissen, aber gegen ihren Willen geschieht. Abraham hätte sich trotz der dringendsten Vorstellungen nicht abhalten lassen, und daher seien sie von aller Verantwortung für die Folgen frei.

Protokoll des UAC, Nr. 10 vom 9. April 1881, S.181
Unitätsarchiv der der Evangelischen Brüder-Unität, Herrnhut

In einem Brief unterm 30. März kommt Br. Elsner in Bremen nochmals auf die Hagenbecksche Eskimo-Truppe zu sprechen. Dem zu Folge habe sich der Geschäftsführer des Herrn Hagenbeck, Herr Schöpf, der Br. Elsner besucht hat, sehr bewegt über die Eskimos, die er so lieb gewonnen hätte, als ob sie seine Verwandten gewesen wären, ausgesprochen und ihm mitgeteilt, dass auch der Heide Terrianiak vor seinem Ende innerlich ein Christ geworden sei.

Das den Sämtlichen Eskimos gehörende Guthaben beträgt M 1800 u. soll trotz der großen Verluste, welche der Unternehmer gehabt habe, ausgezahlt werden. Von den Sachen u. Geschenken der Eskimo ist Alles, womit sie in ihrer letzten Krankheit in Berührung gekommen sind, verbrannt worden.

Der Wunsch der Brüder in London, dass Br. Elsner u. nicht sie, wie dieser gebeten hatte, um den noch vorhandenen Nachlaß der Eskimos sich bewerben u. denselben in Bremen verkaufen solle, habe Br. Elsner erklärt, nicht erfüllen zu können. Dagegen will Br. Elsner dem Wunsch der Brüder in London nachkommen u. die Haupterlebnisse der Eskimos in der Eskimosprache zusammenstellen u. diese Schrift in mehreren Exemplaren nach Labrador schicken.

Abrahams Tagebuch als Inuit Autobiographie

Wir wissen nicht, ob Bruder Kretschmers „inkompetenter" Stil auf eine schnelle Übersetzung zurückzuführen ist oder auf eine Übernahme der Syntax des Inuktitut, welche sich im Deutschen seltsam anhören mag. Er könnte aber auch auf dem teilweisen Verlust seiner Muttersprache nach Jahren des Lebens in einer linguistischen Diaspora beruhen.

Der allererste Eintrag in Abrahams Tagebuch zeigt sehr stark den ernsthaften Kulturschock des Inuit, der durch einen konstanten und hohen Lärmpegel und ungewohnte Menschenansammlungen verursacht wurde. Wieder und wieder drückt er seine Bestürzung über die unbeherrschten Menschenmassen aus, die sich bis hinein in ihre Einzäunung und selbst bis in die Erdhütten, die sie (während der Ausstellungen) in den Zoos bewohnten, drängten. In einem Fall waren weder ihr „Wächter" Jacobsen noch die Soldaten in der Lage, die Mengen zum Verlassen der Einzäunung zu bewegen, bis sie Abraham dann baten, die Besucher zu verscheuchen. Abraham bewältigte diese Aufgabe mit Hilfe einer grönländischen Seehundharpune, einer Hundepeitsche und offensichtlich seinem „wilden" Aussehen: „Da habe ich gethan was ich konnte ich meine Peitsche u. den grönländischen Seehundsstecher nehmend, machten mich fürchterlich."

Die Inuit litten an Gesundheitsproblemen, die sie sich durch die nasse Kälte zugezogen hatten und die durch ihre Isolation psychisch noch verstärkt wurden. Andere Einträge dokumentieren den immensen emotionalen Stress, der den Inuit durch ihren „Herren" zugefügt wurde, von dessen Handlungen sie so abhängig waren. Über den 7. November 1880 berichtet Abraham, dass Kapitän Jacobsen Tobias wegen seines Ungehorsams mit einer Hundepeitsche schlug und dass der Geschlagene danach „schlecht krank" war. In verspäteter Einsicht muss Jacobsen Gewissensbisse gezeigt haben oder einen Skandal befürchtet haben. Abraham berichtet, dass Kapitän Jacobsen ihn gebeten habe, nichts über diesen Vorfall an die Missionare zu schreiben und auch, dass Jacobsen „seidne Bänder gekauft gleich" für die Frauen. Offensichtlich war sich Abraham bewusst, dass ihm seine Schreibkenntnisse einen potentiellen Schutz gegen weitere Misshandlungen boten, da er seinen Beschluss äußerte, den Unitätsbrüdern in England zu schreiben, sollte Jacobsen sein Verhalten wiederholen.

Die Inuit hofften inständig auf die Heimreise über den Atlantischen Ozean, wenngleich sie sich zur selben Zeit auch vor dem fürchteten, was sie zuvor schon einmal so seekrank gemacht hatte. Ihre Ängste werden in Abrahams kurzen Eintrag über die Nachricht, dass Schiffe in der Nordsee versunken seien, widergespiegelt. Er und seine von den Missionaren getaufte Familie hatten auch eine paranoide Angst vor Mitgliedern anderer Glaubensrichtungen, welche sie in Prag sogar vom Ausgehen abhielt, „damit uns nicht dh. die Katholiken was geschieht". Die Hussiten waren pre-reformative, religiöse Vorfahren, in deren Tradition die Unitätsbrüdergemeine stand. Im 15. Jahrhundert wurden sie von der katholischen Kirche rücksichtslos verfolgt und erbarmungslos umgebracht. Dieses geschichtliche Trauma hat möglicherweise eine tiefe kollektive Angst vor dem Katholizismus verursacht, welche die Missionare an Abraham weitergaben. Am 27. November in Frankfurt am Main schreibt er: „Es hat dort sehr viele Juden, die Katholiken werden dort sehr verachtet groß". Erneut nimmt Abraham speziell Notiz von den Katholiken. Da es keine weiteren Kommentare über die Juden gab, erfährt man nicht, ob Abraham sie als Bedrohung sah, ob er die im Christentum weit verbreiteten antisemitischen Einstellungen teilte oder warum er sonst ihre Gegenwart explizit erwähnen sollte.

Für die christianisierten Inuit gab es Kontakt und aufmunternde Besuche der Herrnhuter Brüdergemeine. Höhepunkte ihres Aufenthaltes – wie wir Abrahams Tagebuch entnehmen können – waren die Besuche eines kunstvoll gestalteten Gottesdienstes mit viel Gesang, Gebet und Musik. Ein Ausflug zum Berliner Wachsmuseum enthüllte den Besuchern einen umgestülpten „kolonialen Blick", indem die ethnographische Schau des Museums lebensähnliche Figuren wie „Nubier, Afrikaner [...] u. Chinesen u. Inder u. Amerikaner u. Kalifornier, ja gewiß, die Bewohner der Welt ausstellte", wie Abraham am 27. Oktober in seinem Tagebuch notierte. Außerdem schrieb er enthusiastisch über eine Militärparade in Prag und er war offensichtlich stolz auf ihre verschiedenen Fahrten mit dem Zug, der Tram und dem Schlitten, einschließlich einer Dampflokomotive, die „schneller als Fliegende" war, in einem 1. Klasse Abteil, „welche[s] gr. Herren zu brauchen pflegen".

Gelegentlich erwähnte Abraham die Arbeit, für die sie bezahlt wurden: ethnographische Vorführungen; Darlegungen, wie sie ihr Kunstgewerbe ausstellten; wie sie mit dem Kajak auf einem Teich paddelten, der mit Eis bedeckt war, das man zuerst aufbrechen musste, oder aber wie sie einen lebenden, aus Holland importierten Seehund harpunierten, worüber die Zuschauer „klatschten alle groß in die Hände, wie die Eidervögel". Weiterhin musste Abraham seine „zivilisierten" Fähigkeiten darbieten, wie das Spielen der Violine, das Anfertigen von Zeichnungen oder das Schreiben seines Namens. Ebenfalls schrieb er es nieder, wenn die Einnahmen durch die Besucher sehr niedrig waren: „Bisweilen wird uns Geld mitgeteilt von einigen zuweilen 2 pence, zuweilen 1 Mark, zuweilen 50 pence, manchmal 20 pence".

Ihre monotone und offensichtlich unzulängliche Ernährung aus Schiffsbrot, Hering oder Dorsch, Kaffee und Bier wurde nur gelegentlich durch Gaben wohlwollender Zuschauer wie frisches Obst durchbrochen. Jedes Mal, wenn Brüder ihrer Kirche zu Besuch kamen, schien Abraham mit aufrichtiger Freude erfüllt und er hegte große Hoffnungen, das Zentrum der Brüdergemeine, Herrnhut, zu besuchen. Nach und nach wird Abrahams Heimweh in seinen Aufzeichnungen immer augenscheinlicher. In seinen Briefen an seinen früheren Lehrer, den Missionar Bruder Elsner in Bremen, schüttet er ihm sein Herz mit Geständnissen aus, die sowohl religiöser als auch weltlicher Natur sind. Seine Briefe führen auch seine wirtschaftlichen

und intellektuellen Beweggründe für die Zustimmung zu dieser Reise auf: er hatte Schulden und hoffte, genug verdienen zu können, um seine Schulden bei der Missionsstation zu begleichen und sich ein Netz zu kaufen – und er war neugierig, Europa zu sehen. Der Brief eröffnet Bruder Elsner, wie sehr er seine dumme Entscheidung, dieser Reise zuzustimmen, bereut. Er drückt seine inbrünstige Sehnsucht aus, nach Labrador zurückzukehren um dort seine Angehörigen wieder zu sehen.
In seinem letzten Brief berichtet Abraham über den Tod seiner Tochter Sarah und wie sehr er und seine Frau Ulrike hoffen, dass der Herr ihnen ihre „Verirrung vergeben wolle" sich gegen den Rat der Missionare für die Reise nach Europa entschieden zu haben.

Das gesamte Tagebuch ist ein tief deprimierendes Dokument, da es trotz tapferer gegensätzlicher Beteuerungen ein immer stärker werdendes Gefühl der Verdammnis hinterlässt. Aber während Abrahams Tagebuch und Briefe auch gelegentlich Ausdrücke der Freude über das Treffen mit seinen Brüdern oder aber der Besichtigungsfahrten ausdrücken, so muss die Situation von Terrianiak, Noggasak und Paingo noch niederdrückender und unerträglich trübe gewesen sein. Abraham berichtet in seinem ersten Brief an Bruder Elsner: „Daß sie ein Haus für sich haben, ist uns sehr dankenswerth. Ihre Gewohnheiten gefallen uns nicht; beide treiben Zauberei. Ich sage ihnen wohl oft, sie möchten sich bekehren, es nutzt aber nichts". Wir erfahren weiterhin durch einen der wenigen Kommentare über die andere Familie in Abrahams Tagebuch, dass ab dem 27. Oktober „Unsere Mitmenschen, die Fuchsfamilie (Terrianiakat) hören auf vergnügt zu sein, weil sie müde sind der Leute". Später im Zug nach Berlin „hexte unser Landsmann Fuchs (Terrianiak) ganz außerordentlich, obwohl er im schönen Dampfwagen war, er war ganz betrübt durch hexen u. konnte niemand anlächeln, als wir ankamen". In seinem ersten Brief an Bruder Elsner erzählt er, dass Paingo „krank, sogar sehr krank" ist, aber „Medicin zu nehmen, weigern sie sich, sie hoffen von Zauberei Besserung". Nach der Ankunft in Paris war Terrianiaks komplette Familie durch die Pocken ausradiert. Der Schamane muss ein gebrochener Mann gewesen sein. Abraham berichtet in seinem letzten Brief, dass Terrianiak bereit war, sich bekehren zu lassen.

Unser Mitgefühl für das menschliche Leiden dieser acht Besucher in Deutschland vor nur 125 Jahren war Hauptmotivationsgrund für meine Studenten und mich, Abrahams Briefe und sein Tagebuch zu übersetzen und zu versuchen, es einem nicht-deutschsprachigen Publikum zugänglich zu machen; besonders in der Hoffnung, dass es vielleicht noch irgendwo Nachkommen von Terrianiaks und Abrahams Familie gibt, die es interessieren könnte, das Tagebuch zu lesen.[1] Weiterhin fühlten wir uns durch die historischen, geographischen und kulturellen Kontexte und Vermächtnisse motiviert, welche uns sowohl mit den inuken Besuchern als auch mit den Missionaren und „Herren" verbindet. Des Weiteren bestand und besteht für uns Studenten/Innen der englischsprachigen Literatur das wissenschaftliche Interesse an einem alten Manuskript und darin, nicht nur eine als wissenschaftliche Übung gedachte Übersetzung anzufertigen, sondern eine „echte". Irgendwie wurden alle Beteiligten von der Geschichte berührt, als die Studenten los zogen, Zeitungsartikel entdeckten oder sich über die „Völkerschauen", die Herrnhuter Missionare in Labrador oder aber den wissenschaftlichen Rassismus des 19. Jahrhunderts informierten. Außerdem ist Abrahams Tagebuch nicht nur ein ungewöhnliches historisches Dokument, sondern unseres Wissens nach der allererste autobiographische Text eines Inuit – eine Behauptung, die einer Erklärung bedarf:

Neben den mündlichen Erzählungen ist die Autobiographie eine der meistgebrauchten Formen des literarischen Selbstausdrucks und der Selbstbestimmung der Ureinwohner in Nordamerika. Inuke Schriftsteller und Leser teilen eine reiche, wenn auch vergleichsweise junge, autobiographische Tradition. Wie im Falle der Literatur der amerikanischen und kanadischen Ureinwohner, sind die frühesten Formen von Inuit-Literatur Ergebnisse der Vermittlung des Schreibens und Lesens durch die Missionare. Abrahams Tagebuch ist keine Ausnahme. Und doch ist es auf verschiedene Weisen anders. Während in den USA die Autobiographie der Ureinwohner als ein Genre in den

[1] sh. Nachwort und Dank in diesem Buch

20er und 30er Jahren des 20. Jahrhunderts erblühte, begann dieses Genre in Kanada nach dem Zweiten Weltkrieg und schien seinen Höhepunkt in den 70er Jahren des 20. Jahrhunderts erreicht zu haben. Diese augenscheinliche Zeitverschiebung kann durch unterschiedliche Entwicklungen in den Beziehungen zwischen Natives/non-Natives, unterschiedliche Regierungsstrategien bezüglich der Kultur der Ureinwohner (Natives) ebenso wie der Entwicklung der kanadischen Literatur im Allgemeinen verursacht worden sein. Das ist die naheliegenste Erklärung der Geschichte der Inuit Literatur. Aber innerhalb dieses Kontextes sticht Abrahams Tagebuch hervor, da es fast ein Jahrhundert vor der wahrnehmbaren Veröffentlichung inuker Autobiographien in Kanada geschrieben wurde.

Nach der Schließung des „Old North" 1947 mit dem Sinken der ‚Nascopie'[2], beeilten sich Ethnographen und Missionare, das „alte Leben" der traditionellen Jagd, des Fischens und des Sammelns niederzuschreiben, wie es ihnen von den Überlebenden berichtet wurde. Dreißig Jahre später, in den 70ern, wurde eine beträchtliche Zahl von „as-told-to's" veröffentlicht, zum Beispiel in Form von Autobiographien, die auf einer Zusammenarbeit von Non-Native Zuhörern, Chronisten, Übersetzern, Herausgebern und Verlagen beruhte. Die Lebensgeschichte von Nuligak, niedergeschrieben von dem Missionar Maurice Methayer (1966), die Lebensgeschichte der Künstlerin Pitseolak (1971), ebenso die Lebensgeschichte des Photographen Peter Pitseolak (1975), beide niedergeschrieben von Dorothy Eber, sind die bekanntesten Beispiele der frühen Inuit Autobiographie. Bald folgten „echte" Autobiographien, die von den Autoren selbst geschrieben wurden wie zum Beispiel von Elizabeth Goudie *Woman of Labrador* (1973), Anthony Apakark *Thrasher Skid Row Eskimo* (1976) und Minie Aodla Freeman *Life Among the Quallunaat* (1978). Alle diese Werke zeugen aus unterschiedlichen, individuellen Perspektiven vom abrupten, traumatischen Wechsel vom traditionell geerbten Lebensstil hin zum modernen Leben in Kanada. Minnie Freemans Buch scheint zu bestätigen, was im Allgemeinen über Eingeborenen/Indigenous-Geschichten gesagt wird. Individuen, die mit einer star-

[2] vgl. Pitseolak, Peter. *People from Our Side: A Life Story*. Photogr. Peter Pitseolak. Oral Biography Dorothy Eber. Edmonton: Hurtig, 1975, S. 135.

ken ethnischen und kulturellen Identität sowie reichhaltigem Wissen über ihre traditionelle Herkunft ausgestattet waren, scheinen den Gefahren der Entwurzelung und des Aus-der-Bahn-geworfen-Werdens erfolgreicher entgehen zu können als jene, denen selbst eine frühe traditionelle Erziehung versagt geblieben war und die daher einfacher in dem System der residential schools (um)erzogen werden konnten.

In den letzten Jahren haben das Magazin *Inuktitut* und verschiedene Ältesten-Konferenzen des *Inuit Cultural Institute* autobiographische Stücke und Lebensgeschichten von älteren Inuit gesammelt und publiziert, um die alte Lebensweise aufzuzeichnen zu können. In Labrador hat sich die Zeitschrift *Them Days* auf die lokalen Lebensgeschichten konzentriert. 1980 veröffentlichte Doris Saunders, Gründungsredakteurin von *Them Days*, den frühesten autobiographischen Inuit Text in Englisch; die Aufzeichnungen ihrer Ur-Ur-Großmutter Lydia Campbell, *Sketches of Labrador Life* (1893/94), die in einer wunderschönen Ausgabe mit Illustrationen von Inuit-Künstlern bei Killik Press, St. John's Newfoundland erschienen sind. Heutzutage gibt es viele bewusste und vereinte Anstrengungen von Inuit-Autoren, Herausgebern und Verlagen, Historikern, Literaturwissenschaftlern und Anthropologen so viel wie möglich von dieser mündlichen Tradition zu erhalten. In Nunavut arbeiten Inuit und nicht-inuke Gemeinde-Arbeiter, Erzieher, Linguisten und Anthropologen zusammen, um Wege zu finden, den Transfer des traditionellen Wissens von den Älteren zu den Enkeln[3] zu vereinfachen, da die mündliche Tradition – wie es Basil Johnston einmal sagte – sehr wertvoll und zerbrechlich und „nur eine Generation von der Auslöschung" entfernt sei.

Angesichts solcher Bemühungen das historische Wissen zu erhalten, und im Vergleich zu allen anderen Formen des autobiographischen Schreibens, fällt *Abrahams Tagebuch* durch das Gattungsraster hindurch. Es ist weder ein „*as-told-to*" noch ein wirklich gemeinschaftlich zusammen geschriebener Text. Auch wissen wir nicht, ob die Übersetzung von Bruder Kretschmer wirklich auf dem ursprünglichen handgeschriebenen Text von Abraham Ulrikab basiert. Trotzdem sind wir sicher, dass es so authentisch ist, wie jeder autobiographische Text, der immer konstruiert ist. Warum sonst sollte Bruder Kretschmer ihn geschrieben haben? Warum sollte er sonst eine Textstelle über Terrianiaks „Zauberei" herausgestrichen haben? Oder warum sollte er sonst in so einem ‚verstümmelten' Deutsch geschrieben haben? Zusammen mit dem fast schon naiven Vertrauen der Herrnhuter in Hagenbeck und Jacobsen, zwei scharfsinnigen Geschäftsmännern, ist es undenkbar, dass einer der Missionare diese Lebensgeschichte, die solche Zweifel an Jacobsens Charakter aufkommen lässt, erfunden haben sollte. Abgesehen davon wird *Abrahams Tagebuch* beträchtlich durch kontextuelle Beweise bestätigt.

Bis also das Unwahrscheinliche, Unerwartete geschieht und noch ältere autobiographische Texte (wieder)entdeckt werden, ist *Abrahams Tagebuch* ohne Zweifel das älteste existierende autobiographische Dokument eines Inuk.

[3] In einer gemeinsamen Präsentation über „The Construction of a New Inuit Identity in Nunavut" auf der Konferenz „First Nations of North America: Politics and Representation" in Middelburgh/ Niederlande, vom 29.-31.Mai 2002, berichteten Clara Aupalu, Jarich Oosten und Cor Remie über ein „Interview"-Programm an den Schulen, welches beinhaltete, dass junge Inuit hinaus gingen, um Ältere zu interviewen und die gewonnenen Informationen niederzuschreiben. Dadurch sollte die Scheu, sich den Älteren zu nähern und die traditionellen Hemmungen der Älteren, Ratschläge zu geben ohne gefragt zu werden, durchbrochen werden. Den Wissenstransfer zwischen den Generationen galt es durch das Bereitstellen eines neuen Rahmens, in dem jede Generation eine sozial akzeptierte Rolle spielt, zu ebnen.

Die deutschen Kontexte

Abrahams kurzes Tagebuch und seine zwei Briefe liefern einen kurzen und deshalb unvollkommenen Reisebericht. Sie können jedoch weder vermitteln, welch komplizierte Prozesse hinter dem Anwerben der Inuit-Gruppe steckten, noch was vor und nach ihrem Besuch passierte. Es gibt eine Reihe weiterer aussagekräftiger Texte, die zur Untersuchung herangezogen werden können, darunter das Material der Unitätsbrüder, zeitgenössische Zeitungsberichte, Virchows wissenschaftlicher Artikel, Kapitän Jacobsens Tagebuch und die Memoiren des Carl Hagenbeck.

Diese Quellen sind hier nicht im Detail aufgeführt. Der Fokus war auf Abrahams Aussagen gerichtet. Der folgende Auszug soll jedoch helfen, den historischen und ideologischen Hintergrund von Abrahams tragischer Geschichte zu kontextualisieren.

Der Besuch der Inuit aus Labrador fand nur ein Jahrzehnt nach der Gründung des Deutschen Kaiserreichs 1871 statt. Das neu gegründete Deutsche Reich war bestrebt, die internationale Bühne zu betreten. Es ließ seine Muskeln spielen, um sich als eine imperiale Kolonialmacht zu etablieren, erpicht auf einen „Platz an der Sonne". Es gab in diesem ideologischen Klima ein immenses Interesse nicht nur an fremden Ländern und ihren Rohstoffen, Pflanzen und Tieren, sondern auch an ihren „exotischen" Völkern und deren Kulturen. Die Völkerschauen waren sozusagen ethnographische Peepshows der Kulturen, die die Europäer als „primitiv", insgesamt fremdartig und unterlegen, zur selben Zeit aber mit neugierigen, aufgeregten Augen als die begehrenswerten „Anderen" betrachteten. Nur eine Dekade später tourte der Amerikaner Buffalo Bill mit seiner Wild-West-Show durch die europäischen Großstädte. In den späten 1870er Jahren jedoch war es in Deutschland Carl Hagenbeck, der als Erster die Idee aufwarf, den deutschen „Kolonialblick" zu befriedigen, indem er einheimische Völker aus Übersee „importierte", sie ausstellte und sie sowohl als lebende Anschauungsobjekte für die ethnographische

Forschung als auch als exotische Fetische voyeuristischen Verlangens beobachten ließ. 1877 „lieferte" Jacobsen ihm eine Gruppe Inuit aus Grönland, die Hagenbeck der Öffentlichkeit vorführte. 1880 versuchte er an diesen Erfolg anzuknüpfen. Er war sich des allgemeinen Interesses durchaus bewusst.

In seinen 1909 veröffentlichten Memoiren lobt er seine Beziehungen mit den Grönländern, erwähnt allerdings nie den wirtschaftlichen Misserfolg und die menschliche Katastrophe seiner im Jahr 1880 gestarteten Unternehmung mit Abraham und den Anderen aus Labrador. Der Teil hätte nicht in seine selbstverherrlichende Erfolgsgeschichte gepasst.

Wie der vermeintliche Ethnologe Jacobsen war sich auch Hagenbeck des wissenschaftlichen Interesses sehr bewusst. Zu jener Zeit waren Biologen, Mediziner, Historiker und Mitglieder der sich noch in den Kinderschuhen befindenden Völkerkunde begierig darauf, die „Primitiven" zu wiegen, auszumessen, zu beobachten und zu befragen, um ihnen dann „ihren" genauen Platz in der hierarchischen Strukturtheorie der „Rassen" zu bescheinigen. Auf ethnozentrischen Ideen über die genetische Evolution des Menschen basierend, setzten ihre Forschungen ausnahmslos und automatisch die Europäer an die Spitze der Evolutionsskala. Eine der hervorstechenden Methoden zur Belegung von „rassischen" Merkmalen war die Körper(ver)messung; die proportionalen Beziehungen zwischen den Körperteilen wurden dann in „objektive" mathematische Gleichungen oder Wechselbeziehungen gesetzt, die so genannte Anthropometrie. Besonders weit verbreitet war das Studium von Gesichtszügen und menschlichen Schädeln (Phrenologie, Kraniologie). Das Interesse an dieser empirischen Methode (Kraniometrie), oder besser gesagt das allgemeine Interesse an der Phrenologie, wurde zum Beispiel auch von Johann Wolfgang von Goethe (1749–1832), geteilt. Seine Ansätze und die seiner Zeitgenossen gehen zurück auf Studien der neo-klassischen Antike, besonders in Bezug auf die klassischen griechischen Statuen als Verkörperung der perfekten Schönheit und Harmonie, deren Proportionen und Profile als paradigmatisch und ideal[1] betrachtet wurden. Hingegen wurden Abweichungen von diesem Ideal als Mängel betrachtet, nicht nur in physischer Hinsicht, sondern auch mit Blick auf den Geist und die Moralvorstellungen. In der Phrenologie gab es zum Beispiel die Vorstellung, gewisse Menschen hätten einen „Diebesknochen", das heißt eine bestimmte Knochenstruktur im Schädel, die angeblich auf die Neigung zum Stehlen hinwies.

Die spätere Bewegung innerhalb der Phrenologie vom hochfliegenden Idealismus hin zur konkreten, auf körperlichen Unterschieden beruhenden Diskriminierung muss allmählich und kurzlebig gewesen sein.

Nach Darwins zentraler biologischer Studie (Origin of the Species, 1859) und ihrer Verwendung im Kontext eines wissenschaftlichen Rassismus, gewann die inner-europäische und gesellschaftlich verankerte, wissenschaftliche Diskussion in der Ethnographie und Anthropologie an Bedeutung, um die ethnisch „Anderen" als abgrenzbare Rassen und sogar Arten zu klassifizieren. Ideologisch reflektiert und begleitet diese Entwicklung den imperialistischen Expansionismus Ende des 19. Jahrhunderts. Der Prozess der rassischen Klassifizierung der Menschen war zu dieser Zeit in ganz Europa weit verbreitet und erreichte, wie wir alle wissen, ein halbes Jahrhundert später im Dritten Reich seinen Höhepunkt, als es sich eine politisch-ideologische Staatsgewalt zum ersten Mal in der Geschichte der Menschheit anmaßte, eine gottgleiche Autorität über das menschliche Recht auf Leben zu besitzen. Diese Überzeugung basierte auf konstruierten Rassenkategorien, die angeblich anhand der Kraniometrie, Anthropometrie und anderer „wissenschaftlicher Methoden" belegt werden konnten. Aufgrund eben dieser Kategorien wurde beschlossen, dass

[1] 1810-1876), der einige Artikel und Arbeiten über den goldenen Schnitt innerhalb der Natur verfasste, insbesondere bezüglich der Proportionen des menschlichen Körpers und der Gesichtszüge. Er verglich die bei klassischen Statuen gefundenen Dimensionen und Winkel mit denen von „Europäern", „Mongolen", „Negern", „Hottentotten", „Amerikanern" etc. und selbst „Schwachköpfe", welche sich alle als von dem klassischen Ideal „abweichend" herausstellen. Für die am gründlichsten und genauesten recherchierten und dokumentierten Informationen über Zeisings Leben und Werk, inklusive einer CD mit Archiv-Material versehen, sh.: Roger Herz-Fischler, *Adolph Zeising: The Life and Work of a German Intellectual* (Ottawa: Mzinhigan Publishing, 2004).

so genannte „unterlegene Rassen" Untermenschen waren, das heißt es nicht wert waren, weiterzuleben. Dementsprechend wurde schließlich auch unter dem nationalsozialistischen Regime in Deutschland gehandelt.

Zur Zeit des Besuches von Abraham und der anderen Inuit in Deutschland ließen sich die ideologischen Ausmaße und der späterer Missbrauch der Kraniometrie noch nicht erahnen. Die kaltblütigen Methoden der Empiriker, vom Sammeln menschlicher Schädel bis hin zum Diebstahl indigenen Grabgutes aus aller Welt, ein „Geschäft" für das Jacobsen nur zu bekannt war, scheinen jedoch bereits auf die vorsätzliche Gefühllosigkeit und die gnadenlose Akribie unter Anwendung moderner Technologien des Tötens im nationalsozialistischen Deutschland hinzuweisen, die der systematischen und industrialisierten Ausrottung von Mitmenschen zugrunde lagen.

Aber welche Motive hatten Jacobsen, Hagenbeck und Virchow zu jener Zeit?
Ziemlich offensichtlich waren Jacobsens und Hagenbecks Anreize primär ökonomischer und nur angeblich wissenschaftlicher Natur. Jacobsen rekrutierte nicht nur indigene Leute für die Völkerschauen seines Vorgesetzten, sondern er sammelte, kaufte oder stahl manchmal sogar Artefakte und menschliche Überreste für europäische Museen. Carl Hagenbeck hatte 1879, wie Abraham Ulrikab auch, ein streckenweise wenig erfolgreiches wirtschaftliches Jahr zu verbuchen. Der Handel mit Zootieren ging seit Mitte der 1870er Jahre immer weiter zurück und der gewiefte Geschäftsmann hoffte nun an den Erfolg seiner früheren Völkerschauen anzuknüpfen – 1874 hatte er mit einer Gruppe Samen aus Nordskandinavien begonnen, die damals ihre Rentierherde begleiteten.

Hagenbecks Erfolg als Geschäftsmann bei den Völkerschauen ist nur ein geringfügiger Teil seiner Karriere. Noch größeren Ruhm erntete er durch seine Kampagne gegen die weit verbreiteten unmenschlichen Methoden im Rahmen der Dressur von Showtieren. Die Tiere wurden mit heißen Eisen genötigt und bis zur Unterwerfung geprügelt. Durch das Beobachten des natürlichen Verhaltens von Tigern, Löwen, Bären, Hunden und anderen Tieren, die er trainierte, schaffte er es, sie durch positive Bestärkung und ohne nötigende Maßnahmen zu dressieren. Er war der erste Zirkusdompteur, der einen Streitwagen, gezogen von drei anscheinend friedlichen Löwen, fuhr. Später machte er Hagenbecks Thierpark zum ersten Zoo der Welt, der Tiere nicht in verschlossenen Käfigen sondern in offenen Einzäunungen hielt, die ihren natürlichen Lebensraum nachbildeten. Dieses Modell fand schließlich nach und nach überall in der Welt Anwendung. Zudem gründete er einen eigenen Zirkus, in dem er mit sanfteren Dressurmethoden arbeitete. Offenbar hatte er also auch eine sanfte Seite.

Das wissenschaftliche Interesse an den Inuit wurde vorrangig in dem neuen Bereich der Anthropologie sichtbar. Dr. Rudolph Virchow (1821–1902) war zu dieser Zeit einer der herausragenden deutschen Befürworter. Er war der Mitbegründer der Deutschen Anthropologischen Gesellschaft und bis zu seinem Lebensende Vorsitzender der Berliner Gesellschaft für Anthropologie, Ethnologie und Urgeschichte. Aber Virchow ging nicht für seine Arbeit in der Völkerkunde und der Archäologie in die Geschichte ein – obwohl er zusammen mit Heinrich Schliemann, der Troja entdeckt, ausgegraben und geplündert hatte, archäologische Ausgrabungen führte. Vielmehr war er bekannt für seine Errungenschaften als Mediziner und Sozialreformer: Rudolph Virchow nahm durch seine Theorie der Zellularpathologie, welche besagt, dass Krankheiten auf Störungen der Körperzellen basieren, eine Vorreiterstellung auf medizinischem Gebiet ein und legte damit erst den Grundstein für die moderne deutsche Medizin.
Sein ganzes Leben lang setzte er sich unermüdlich für die Verbesserung der allgemeinen Gesundheits- und Sozialbedingungen ein. Als die preußische Regierung ihn nach Oberschlesien schickte, um einen Typhus-Ausbruch zu erforschen, verärgerte er seine Auftraggeber, da er das unzulängliche Sozialsystem der Regierung für den Ausbruch der Epidemie verantwortlich machte. Bei der misslungenen Märzrevolution 1848 war er in Berlin auf die Barrikaden gegangen, was

ihn vorübergehend seine Professur an der Charité, Berlins renommiertestem Krankenhaus, kostete. Später, als Mitglied der Berliner Stadtverordnetenversammlung, gründete er Krankenhäuser, richtete eine Schwesternschule ein und veranlasste die Modernisierung des Kanalisationssystems der Stadt. Als Mitglied der Deutschen Fortschrittspartei im Reichstag war er ein harter persönlicher Gegner Otto von Bismarcks, der ihn einmal zu einem Duell herausforderte. Virchow lehnte ab. Er scheint ein Mann mit Rückgrat gewesen zu sein, allerdings nicht in der Manier eines steifen und engstirnigen preußischen Junkers.

Virchow war aufgeklärt und hatte offensichtlich wenig Verständnis für die Überreste der feudalistisch-traditionellen Auffassungen von Ehre, denn später lehnte er sogar seine Adelung durch den Kaiser und damit eine Namensänderung in „von Virchow" ab.

Mit anderen Worten: Virchow war ein deutscher Intellektueller und Reformer, dem man geneigt wäre, zuzustimmen, und ein Nationalist, auf den man theoretisch stolz hätte sein können. Aber wenn man aus der heutigen Nachkriegsperspektive auf seine Studien der Anthropometrik schaut, passiert das Unvermeidliche: das sonnige Bild wird von unserer Vergangenheit überschattet.

Virchow traf die Labrador-Inuit während ihres Europa-Aufenthaltes mindestens zweimal. Einmal, als er sie untersuchte und ihre körperlichen anthropometrischen Daten aufnahm und dann, als er sie den Mitgliedern der Berliner Anthropologischen Gesellschaft auf ihrer Sonderversammlung am 7. November 1880 vorführte. Das Protokoll wurde kurze Zeit später in seiner *Zeitschrift für Ethnologie* veröffentlicht. In jener außerordentlichen Versammlung informierte er die Mitglieder über die Ergebnisse seiner vorherigen Beobachtungen. In seinem Bericht begrüßte er den „Zivilisationserfolg" der Missionare bei Abraham und seiner Familie.

„Jedenfalls ist es den Missionären gelungen, den Unterricht der Leute soweit zu fördern, dass sie in der That ihre Intelligenz in einem nicht geringen Maasse entwickelt haben und dass sie im Stande sind, mit Leichtigkeit zu schreiben, zu zeichnen und allerlei Künste des civilisirten Lebens zu üben."
Im Gegensatz dazu beschreibt er Terrianiak und seine Familie als „vollständig heidnisch" und als „mit Eigenschaften ausgestattet, welche in hohem Maasse geeignet sind, die primitive Beschaffenheit dieser Bevölkerung kennen zu lernen." Am Schluss gesteht er allerdings ein, dass alle Inuit scheinbar in der Lage seien, sich zu bilden: „Jedenfalls beweisen die christianisirten Leute, dass ihr Gehirn durchaus entwickelungsfähig ist, wie denn der hohe Stand der artistischen Leistungen auch der wilden Eskimos durch zahlreiche Proben dargethan ist. Namentlich Abraham, der eine vollkommene Schulbildung genossen zu haben scheint, erweist sich meinen Ermittlungen nach als einer der best unterrichteten und gescheidtesten Leute, die man sehen kann."

Virchow fuhr fort, seine „Objekte" (d. h. die Inuit) zu vermessen und ihre Sprache aufzuzeichnen. Während der ganzen Zeit war sein Ziel, sie rassisch zu klassifizieren und zu erforschen, ob die Inuit eine eigene „Rasse" bildeten oder ob sie mit den „Mongolen" in Asien oder den Inuit in Grönland verwandt wären. Die Hautfarbe, die Beschaffenheit des Haares, die Länge von Armen und Beinen, die Breite der Füße, das Bartwachstum und so weiter wurden als wissenschaftlich interessant erachtet und bis hin zu den Unterschieden in Kleidung und Ausstattung, notiert. Er schlussfolgerte, dass "ihre Schwerfälligkeit im Gebrauch der Zahlen […] den Eindruck bestärkt, dass die Eskimos eine niedere Rasse darstellten."

Den dramatischsten und erschreckendsten Teil seines Berichtes bildet jener Augenblick, in dem sich Paingo buchstäblich aus den Grenzen wissenschaftlicher Objektivierung befreit, indem sie einen für Virchow „hysterischen Krampfanfall"[2] bekam.

[2] vgl. ausführliche Beschreibung des „Anfalls" durch Virchow im Kapitel „Zeitdokumente".

Hier lehnte es Paingo ab, sich in eine untergeordnete Position in einer Subjekt-Objekt-Beziehung zwischen Forscher und Erforschten einzugliedern. Sie gewann die Oberhand und entfloh (wortwörtlich) ihrer Versachlichung. Damit widersetzte sie sich der Verletzung ihrer Menschenwürde und ihrer Privatsphäre. Doktor Virchow hielt sich auf der anderen Seite an der Rolle des emotional unbeteiligten Wissenschaftlers und neutralen Beobachters fest.

Er kategorisierte Paingo als „andersartig" und krankhaft, indem er den Vorfall als „Zornausbruch" und „psychischen Krampf" oder als anthropologisch interessante „Erscheinung des Schamanismus" bezeichnete. Die Ambivalenz und die Unsicherheit seiner Diagnose zeigt, wie sehr Virchow darauf erpicht war, seine Autorität als männlicher weißer Experte wieder zu erlangen – eine patriarchalische Einstellung ähnlich der absonderlichen Behandlung von „hysterischen" Patienten im Salpêtrière Krankenhaus in Paris 1880 durch Jean-Martin Charcot oder Sigmund Freuds Behandlung der Anna O. in Wien einige Jahre später.

Aber Virchows Autorität und die Richtung seines anthropologischen Blicks wurden nicht nur von Paingo in Frage gestellt. Bei seinem Vortrag vor den Mitgliedern der Berliner Gesellschaft für Völkerkunde, verteidigt Virchow seine und Hagenbecks wissenschaftliche Interessen gegen einen Artikel in der Magdeburgischen Zeitung vom 21. Oktober 1880, dem er vorwirft, „einerseits [...] diese ganze Art von Vorstellungen fremder Rassen, andererseits [...] die Benutzung zoologischer Gärten für die Vorführung von Menschen" zu kritisieren. Der Autor „J. K."[3] hatte sich über die Tendenz der Ethnologie und Zoologie, alle kleinen Details „interessant" zu finden, lustig gemacht. Weiterhin hatte er erwähnt, dass uns ein „Gefühl für ‚Rassenanstand'" davor bewahren [sollte], unseres Gleichen in Thiergärten sehen zu lassen." Virchow versucht diese Kritik zu widerlegen, indem er halbherzig auf die Stichhaltigkeit seines wissenschaftlichen Interesses hinweist und es mit dem allgemein gehaltenen Argument fundierte: „Jeden, der sich einigermaassen klar werden will über die Stellung,

[3] Nach einem Hinweis von Herrn Alexander Fiebig von der Zeitungsabteilung der Staatsbibliothek zu Berlin könnte sich hinter dem Kürzel J. K. vermutlich Julius Hermann Kirchberg (1802-1884), Journalist und sozialer Philosoph, der der Fortschrittspartei nahestand, verbergen.

welche der Mensch überhaupt in der Natur einnimmt, und über die Entwicklung, welche das Menschengeschlecht durchmesse hat." Daher ist Virchows Artikel eine Demonstration des Dilemmas des wissenschaftlichen Rassismus, welches darin besteht, seine Relevanz auch außerhalb jeder imperialistischen und rassistischen sozio-politischen Agenda wissenschaftlich zu untermauern.

Die Reaktion der Öffentlichkeit schien Virchows Anspruch zu bestätigen. Menschenmassen kamen, um sich die Acht aus Labrador anzuschauen und ihr Besuch kam freien Unternehmen gerade recht, um daraus Kapital zu schlagen.

Ihre Anwesenheit wurde genutzt, um warme Winterkleidung anzupreisen und Zeitungen berichteten groß und breit über sie. Wie auch heutzutage variierte die journalistische Qualität von Zeitung zu Zeitung, aber die meisten von ihnen zeigten eine eurozentrische und herablassende Einstellung, die die Inuit als naive oder kindsgleiche Kreaturen darstellten. Die (voreingenommenen) Wahrnehmungsmuster der meisten Zeitungsreporter diktierten ihnen die Stereotype, die sie beschrieben. Im Zusammenspiel mit allgemeinen Vorstellungen über den nordamerikanischen, edlen aber aussterbenden „Wilden" wurden die Inuit als „aussterbende Rasse" dargestellt. Die Zeitungen verstärkten das erregte Aufsehen um die Inuit aus Labrador, als sie darüber berichteten, wie aufgeregt der Eisbär in seinem Gehege nahe der Inuit-Hütten bei ihrer Ankunft gewesen sei, als er sie angeblich als seine „natürlichen Feinde" erkannte. Als sie einen detaillierten Bericht über Tobias' Kinderliebe schrieben und die Liebe der Kinder zu ihm, wurde an die Emotionen der Leser appelliert. Einige der anspruchsvolleren Blätter wie zum Beispiel die Frankfurter Zeitung, hatten ein größeres wissenschaftlich-ethnographisches Interesse und boten mehr Hintergrundinformationen. Zweifelsohne war Virchows Verteidigung der Ethnologie gerechtfertigt, auch wenn sie nicht die von ihm beabsichtigte wissenschaftliche Bestätigung lieferte: „Jeder" wollte über die Inuit Bescheid wissen.

Aber nicht jeder war auch zufrieden mit der Verdinglichung der Gäste aus Labrador als Exemplare, welche neben anderen Exemplaren in Zoos ausgestellt waren. J. K.'s geistreicher und trockener satirischer Auszug, der Virchow veranlasste, seinen schwachen öffentlichen Widerruf zu machen, zeigt eine gewisse interkulturelle Aufgeklärtheit und vor allem menschliche Wahrnehmungsfähigkeit, die Feingefühl gegenüber und Mitgefühl für die Objekte der öffentlichen und wissenschaftlichen Beobachtung zeigt, eine Wahrnehmung, die in anderen Berichten traurigerweise fehlt. Im letzten Abschnitt seines Artikels fasst J. K. die ethischen Bedenken zusammen, die von einem eher menschlich orientierten Teil der Öffentlichkeit geteilt wurden:

„Nun behaupten wir, daß mit der eingehendsten Besichtigung all' dieser „interessanten Einzelheiten" auch von dem sogenannten anthropologischen Standpunkt aus betrachtet, gar nichts gewonnen ist. Weder unsere Bildung, noch unsere Kenntnisse sind irgendwie erweitert oder vertieft worden. Wohl aber können wir uns, und sicherlich Viele mit uns, eines sehr peinlichen Gefühls gegen diese in neuester Zeit überhand nehmenden „Menschenausstellungen" nicht erwehren und vollends gegen diese „Menschenausstellungen" in zooologischen Gärten!

[…]

Sollen diese „Interessanten" Menschenexemplare nun schon einmal ausgestellt werden, dann müsste uns schon das Gefühl für ‚Rassenanstand' davor bewahren, unseres Gleichen in Thiergärten sehen zu lassen.

Man würde mit Leichtigkeit passende anderweite Oertlichkeiten hierfür ausfindig machen können." [4]

J. K.s Stimme mag vielleicht zu schwach oder zu isoliert erscheinen, um in dem aufgeregten öffentlichen Stimmengewirr gehört zu

[4] vgl. Abdruck des vollständigen Artikels aus der *Magdeburgischen Zeitung* im Kapitel „Zeitdokumente".

werden. Aber dieses Beispiel zeigt, dass es in der Tat möglich war, die Dinge anders zu betrachten und sich von einer „rassistischen" Wahrnehmung weg und hin zu einer Wahrnehmung der „Anderen" als Brüder und Schwestern (nicht im religiösen Sinn) und als Mitglieder einer „gemeinschaftlichen Menschenrasse" zu bewegen, um schließlich im Sinne von humanitas (beeinflusst von derselben Klassik wie auch die Phrenologie) festzustellen, dass uns ein „Gefühl für „Rassenanstand" davor bewahren [sollte], unseres Gleichen in Thiergärten sehen zu lassen".

Für die Herrnhuter Brüder und Schwestern, die ihre Sorge um die Inuit aus Hebron ausdrückten, schien die Schwelle zu einer gemeinsamen humanitas der Akt der Taufe zu sein, besonders wenn diese Taufe die Zuwendung zu ihrer Gemeinde bedeutete. Wie bereits geschildert, waren die Missionare dem Unterfangen von Anfang an mit Kritik begegnet. Es gibt einige Briefe und Dokumente, die belegen, wie sehr sie gegen Jacobsens Versuche, „ihre" Inuit zu rekrutieren, waren. Sie sagten Jacobsen: „daß wirs durchaus nicht erlauben könnten unsere getauften Leute draußen in Europa wie wilde Thiere zur Schau auszustellen um Geld zu gewinnen" so Bruder Kretschmer am 20.August 1880. Dieses Argument wird einige Male wiederholt. Aber die Missionsbrüder äußerten nicht die geringste Besorgnis über das Zurschaustellen der Heiden aus Nakvak. Während ihr Vertrauen in Hagenbeck rückblickend naiv erscheint, erweist sich ihre theologische Interpretation der Tragödie als zynisch.

Die größte Sorge der Brüder schien dem Erhalt von Kontrolle und dem Gewinn im spirituellen, sozialen und auch wirtschaftlichen Sinn zu gelten. Während sie darum baten, die Heiden und die Christen zu trennen – dem kam Jacobsen auch nach – sowie Abraham und seine Familie sowohl vor dem sündigen Kontakt mit den Katholiken und anderen Konfessionen als auch vor dem verderblichen Einfluss der materialistischen Gier (und zur selben Zeit auch den Kniffen und Tricks) des Handels fernzuhalten, so sehr waren sie zur selben Zeit auch neugierig, ob die „Welt da draußen" einen

Unterschied zwischen den Getauften und Terrianiak, Paingo und Noggasak entdecken würde. Wie bei allen solchen Unternehmungen gab es eine Finanzplanung der Brüdergemeine, mit welcher die Missionare versuchten, die Ausgaben gering zu halten und den Verdienst durch "ihre" getauften Brüder und Schwestern zu maximieren. Aber die Reise nach Europa brachte ihnen keine Gewinne. Sie führte eigentlich nur zu Komplikationen und wachsendem Ungehorsam unter ihren Mündeln, die nun die Fellpreise in Europa und Labrador miteinander vergleichen konnten. Es schien besser zu sein, Kontakte nach außen zu unterbinden beziehungsweise streng zu kontrollieren und somit „ihre Eskimos" in einer kindlichen Unwissenheit und wirtschaftlichen kolonialen Abhängigkeit zu halten. Und dennoch hofften sie zur selben Zeit, dass ihre Missionsstation von Abrahams Kontakt mit „besserer" Musik in Europa profitieren würde.

Nachdem Abraham und seine Familie Labrador verlassen hatten, sandten die Missionare in Hebron Empfehlungen an ihre europäischen Brüder, wie sie „ihre Eskimo[s]" zu behandeln hätten. Dementsprechend boten vor Ort lebende Brüder und ehemalige Missionare den Reisenden in Deutschland soziale Kontakte und geistigen Trost, wogegen sich Terrianiaks Leute ganz alleine seelisch und sozial orientieren mussten. Die ganze Zeit über schienen die Missionare besorgt zu sein, dass ihre Schüler Schande über sie und das Missionsprojekt bringen könnten. Nach dem Tod der Inuit gibt es Briefe der Brüdergemeine, in denen die Brüder Dankbarkeit und Erleichterung über die bis zum Schluss andauernde Bibeltreue und Disziplin ausdrücken. Die frommen Brüder schienen den Tod der Inuit als göttliche Vorhersehung oder sogar als Gottes Rache für die Ungehorsamkeit der Neubekehrten gegenüber ihren Lehrern wahrzunehmen. Neben dem Bedauern über den Verlust ihrer Inuit-Brüder (und Schwestern), schienen die Brüder zudem eine gewisse Erleichterung zu verspüren, da Abrahams Tod andere, die gehorsam in Neufundland geblieben waren, entmutigen würde, eine ähnliche Reise anzutreten. Daher hofften sie, der tragische Tod würde helfen, die Disziplin und Moral der Mission (zu Hause) zu unterstützen. Vor allem schienen die Brüder froh, ihre Hände in Unschuld waschen zu können, wie die Protokolle der Unitäts-Ältesten nur fünf Wochen, nachdem Ulrike als letzte der Gruppe gestorben war, belegen: „Abraham hätte sich trotz der dringendsten Vorstellungen nicht abhalten lassen, und daher seien sie von aller Verantwortung für die Folgen frei." [5]

Folgender Brief aus Hebron nach Herrnhut, der ein Jahr nach dem Ereignis im Missionsblatt der Brüdergemeine veröffentlicht wurde, belegt sehr deutlich die ambivalente Einstellung der Brüdergemeine:

[5] UAC-Protokoll, 24. Februar 1881

Missionsblatt der Brüdergemeine, Nr. 1, 1882
Unitätsarchiv der Evangelischen Brüder-Unität, Herrnhut

In Bezug auf unsre in vergangenem Jahr in Europa gestorbenen Eskimo wird uns von Hebron geschrieben:

Daran, daß die hiesigen Eskimo ihr Unternehmen mit dem Leben haben bezahlen müssen, haben wir freilich nicht gedacht; daß sie viel Heimweh haben würden, hatte Ulrike voraus gesagt. Lieb ist es uns, da es einmal so ernst kommen mußte, daß Abraham seinen Fehler erkannt und sich desselben geschämt hat.

Im letzten Winter bei der großen Armuth waren wir oft dankbar, daß Abraham nicht, uns zu Gefallen, hier geblieben war. Wie oft hätten wir dann hören müssen, daß er der Lehrer wegen solch großen Gewinn ausgeschlagen habe und nun bei ihnen darben müsse. Für uns wäre es stets das Bequemste, die Eskimo nach ihrem Willen handeln zu lassen. Abraham war unser bester Violinist in der Kirche und wird uns oft fehlen. Wir hatten gehofft, er würde in Deutschland dadurch, daß er zum erstenmal gute Musik hört, etwas für diese seine Tätigkeit und für uns profitiren.

Nun hat der Herr nach Seinem Rath gethan, und die Heimwehkranken in ein besseres Land versetzt, sie von Sünde und Erdennoth erlöst, und zugleich den hiesigen, nach Europa lüsternen, Leuten eine ernste Lehre gegeben; denn wären sie gesund und reich zurückgekehrt, so wäre bei den übrigen Eskimo die Sucht nach Europa zu gehen und dort reich zu werden zur Epidemie geworden. Jetzt sind viele von denen, die im vorigen Jahr dem Abraham und seiner Gesellschaft mit Neid nachblickten, still und froh, nicht mitgegangen zu sein.

Da Herr Hagenbeck trotz seiner großen Verluste alles Bedungene reell ausgezahlt hat, so erhielten die Verwandten der Verstorbenen die dankenswerthe Summe von 1120 M. Leider aber regt sich der

Argwohn, und wird von dabei nicht betheiligten Leuten boshaft angefacht, daß außer dem wirklich von Hamburg gekommenen Koffer der Gestorbenen, den wir aus Vorsicht gleich am Strand in Gegenwart des Steuermanns und der Eskimo öffnen ließen, noch ein Sack, welcher Sachen von Abraham und Tobias enthalten haben soll, angekommen sei.

Das glauben die Leute vom Kapitän oder Steuermann gehört zu haben; auch geht die Rede von 5000 M, welche jene sich verdient haben sollten. In Bezug darauf machen sie nach dem, was das Schiffsvolk ihnen aus den Zeitungen erzählt, ihre Schlüsse; wenn sie hören, daß an einem Tag viel Tausende gewesen seien, die sie sehen wollten, so meinen sie, all das dadurch eingenommene Geld habe ihren Landsleuten gehört.

Nun, die Eskimo sind bekanntlich keine großen Helden im Zahlensystem und der Rechenkunst, und so kommt es ihnen nicht darauf an, eine Zahl mit 4 oder 5 zu multiplizieren. Aber dieser Verdacht thut bei allem guten Gewissen doch unsern Brüdern weh, und sie müssen es dem Herrn überlassen, sie in den Herzen der Leute zu rechtfertigen. Für jene selbst ist diese Gesinnung leider auch ein großer Unsegen. Trotz alles Geschehenen wäre es nicht unmöglich, daß, wenn im nächsten Jahr wieder eine solche Aufforderung, nach Europa zu reisen, an sie käme, sich manche durch die Hoffnung reich werden zu können, doch wieder bethören lassen würden.

Einzelne Brüder, die Abraham kannten und ihn in Europa wieder trafen, bekundeten ihre aus tiefstem Herzen kommende Trauer aber auch ihren Glauben in die göttliche Vorhersehung. Die Missionare in Hebron fühlten sich bestätigt: Der Herr hatte Abraham für seinen Ungehorsam bestraft und die Vorhersehung hatte gezeigt, dass es „draußen" in der Tat nur so vor Gefahren wimmelte.

Glossar[1]

Bruder Kretschmer
Carl Gottlieb Kretschmer war als Herrnhuter Missionsbruder in der Missionsstation Hebron tätig. Er übersetzte das vermutlich in Inuktitut verfasste Tagebuch des Abraham Ulrikab ins Deutsche. Die von Bruder Kretschmer handschriftlich in deutscher Schreibschrift verfasste Übersetzung des Tagebuch wird in den Moravian Archives in Bethlehem, Pennsylvania aufbewahrt.

Hagenbecksche Völkerschauen
Die so genannten „Völkerschauen" waren keine ausschließlich deutsche Erfindung, denn bereits im 17. und 18. Jahrhundert wurden Angehörige „wilder Völker" in den Niederlanden, in England, Dänemark, Österreich und Deutschland zur Schau gestellt. Aber erst dem Hamburger Tierhändler und späteren Zoo- und Zirkusdirektor Carl Gottfried Heinrich Hagenbeck (1844–1913) gelang es, die „Völkerschauen" systematisch zu kommerzialisieren. 1874/75 war er bereits erfolgreich mit sechs Samen (Lappländern), die zusammen mit ihren Rentieren im winterlichen Hamburg und Berlin ihren nordischen Alltag simulierten. Die Folge waren unterschiedliche „Völkerkarawanen", die in verschiedenen europäischen Großstädten großes Interesse weckten. 1877/78 kam eine grönländische „Eskimo"-Familie nach Hamburg, Paris, Berlin und Dresden, außerdem Nubier (1878) und Patagonier (1879). Nach dem Erfolg mit der grönländischen Gruppe wurden 1880/81 acht Inuit aus Labrador (Abraham und Terrianiak mit ihren Familien) angeworben, die alle, nach dem Versäumnis sie zu impfen, nur viereinhalb Monate später elendig an Pocken starben.

Neben der didaktischen Absicht, die Kenntnis fremder Völker zu befördern, war das erklärte Ziel, weite Kreise der Bevölkerung für deutsche Kolonialinteressen zu gewinnen. Betrachtet man die zweifellos vorhandenen Verdienste Hagenbecks, z. B. für die erstmals

[1] zusammengestellt von Ragnhild von der Linden

angewandte Methode der Haltung von Tieren in naturgetreuen Verhältnissen und sanftere Dressur von Wildtieren auf der einen Seite, so kann man andererseits nicht umhin, sein Verhalten gegenüber den Inuit und anderen Teilnehmern an seinen zahlreichen Völkerschauen als zumindest zwiespältig zu bezeichnen. Trotz seinem in Briefen geäußerten tiefen Bedauern über das Ableben der gesamten Gruppe um Abraham, wurden von ihm schon kurze Zeit später erneut Menschen in einer Völkerschau gezeigt.

Hebron

Die ehemalige Missionsstation der Brüdergemeine stellt eine der nördlichsten Besiedelungen Labradors dar. Im Jahr 1831 gegründet, wurde die Mission 1959 eingestellt, mit der Begründung, dass die Lebensbedingungen nicht mehr tragbar seien. Zu dieser Zeit lebten noch über 55 Familien in Hebron.

Herrnhuter Brüdergemeine

Die Herrnhuter Brüdergemeine oder Evangelische Brüder-Unität ist eine dem Pietismus verwandte evangelische, synodal verfasste Freikirche. Sie geht zurück auf Nachkommen der Böhmischen Brüder, die sich 1722 auf dem im Besitz des Grafen Nikolaus Ludwig von Zinzendorf befindlichen Gut Berthelsdorf in der Oberlausitz niederließen. Dort wurde die Ansiedlung Herrnhut (heute Stadt Herrnhut mit ca. 3000 Einwohnern im Freistaat Sachsen) gegründet. Nach der von Zinzendorf entwickelten Verfassung lebten die Brüder (und Schwestern) in einer Gemeinschaft auf der Grundlage des Evangeliums im Streben nach brüderlicher Liebe, getrennt nach Lebensstand, Geschlecht und Alter in sogenannten „Chören". Ältestenräte regelten die äußeren und inneren Angelegenheiten der Einzelgemeinen. Weltweit ist die Brüder-Unität derzeit in 19 Provinzen gegliedert. Schon im Jahr 1732 begann die weltweite Missionsarbeit.

Nach Missionserfolgen in Grönland unter den dort lebenden Inuit, gründeten Herrnhuter Missionare in Labrador unter anderem 1831 die Missionsstation Hebron, aus der Abrahams Familie stammte.

Inuit

In Inuktitut, der Muttersprache Abrahams ist Inuit die Pluralform des Wortes ‚Mensch', eine Einzelperson ist ein **Inuk**. Innerhalb der verschiedenen Regionen existieren unterschiedliche Bezeichnungen: In Nord- und Nordostkanada nennen sie sich Inuit, auf Grönland Inuit oder spezieller Kalaallit, in Sibirien und Teilen Alaskas Yupik, im übrigen Alaska und in Nordwestkanada im MacKenzie Delta Inupiat und Inuvialuit. Nach wie vor wird in weiten Teilen der Welt noch das Wort Eskimo als Bezeichnung für die Inuit benutzt, obwohl dieser Ausdruck zu Recht von den Inuit als diskriminierend betrachtet wird, bedeutet er doch in der Ableitung von einem indianischen Wort „Rohfleischesser". Dennoch benutzen auch einige Ureinwohner weiterhin die Bezeichnung „Eskimo". Die Weißen werden von den Inuit Quallunaat oder wie in Abrahams Texten **Kablunat** genannt.

In den Gebieten der Arktis leben heute ca. 150.000 Inuit. Davon leben ca. 25.000 in Labrador, in den Nordwest-Territorien und im Gebiet Nunavik. Ebenfalls ca. 25.000 Inuit leben im eigenständigen Territorium Nunavut.

Die Einwohnerzahl, zumindest die der Missionsstationen zur Zeit der Reise Abrahams und seiner Gefährten betrug laut Norddeutsche Allgemeine Zeitung vom 26.10.1880 in „sämmtliche[n] Stationen der Herr(e)nhuter nur noch […] 1100 Eskimos".

Traditionell lebten die Inuit, von Alaska quer über ganz Nordkanada bis an die Küsten Grönlands, im Rhythmus der arktischen Jahreszeiten. Sie jagten sowohl zu Land (Karibus und Eisbären), als auch zu Wasser (Robben, Walrosse, Wale). Die wichtigste Jagdwaffe war die

Harpune. Außerdem fischten sie und sammelten Früchte. Aufgrund des Jagens war ihre Lebensweise eher nomadischer Natur. Fanden sie ein größeres Wildvorkommen, blieben sie an einem Ort, ansonsten zogen sie dem Wild hinterher. Häufig waren es die jungen, kräftigen Inuit, die jagten, während Ältere oder Schwächere sammelten oder fischten. Auf dem Wasser bewegten sie sich mit dem Kajak oder den vielsitzigen Umiak (Frauenboot) fort; auf dem Land und dem Meereis diente ihnen im Winter der von Hunden, den Huskies, gezogene Schlitten als Transportmittel. Im Sommer fungierten die Hunde als Tragetiere. Alles was erjagt wurde, trug zum Überleben der Inuit bei. Aus den Fellen der erlegten Tiere stellten sie Kleidung oder Zelte her. Das Fleisch aßen sie und das Öl aus dem Speck von Meeressäugern wurde für die Öllampen genutzt.

Die Inuit lebten und organisierten sich in Familiengruppen. Ihre Winterunterkunft bestand, je nach Region und verfügbarem Material aus Stein, Gras und Erde, niedrigem Gestrüpp, gelegentlichem Treibholz und Walknochen und wurde mit Schnee abgedichtet. Schneehäuser, so genannte Iglus, dienten in der Regel nicht als permanente Winterunterkünfte, sondern wurden auf Reisen angelegt. Während des Sommers lebte man in luftdurchlässigeren Zelten, die aus Fellen mit Walknochenstangen errichtet wurden.

Bis zur Ankunft der Missionare und der Hudson Bay Company organisierte sich die Gesellschaft noch ohne die Existenz einer Geldwirtschaft, wie sie aus Europa bekannt war, sondern passte ihren Bedarf an das an, was das Land bot.

Das Leben der Inuit begann sich mit der Besiedelung durch die Missionare und Siedler zu verändern. Mehr und mehr wurden sie in das kapitalistische Wirtschaftssystem Europas eingebunden. So lässt es sich auch erklären, dass Abraham noch über 100 Schillinge an Schulden hatte. In dem Konferenzbrief und Privatbriefen aus Hebron vom August 1881 berichten die Missionare, „daß der letzte Winter ein äußerlich sehr schwerer, ja sogar seit bald 10 Jahren der schwerste hier erlebte, gewesen ist." Beweggründe für die acht Inuit, die Reise in das unbekannte Europa anzutreten waren auch zum einen die Eigenverschuldung, die aber nicht genauer erklärt wird und zum anderen die Klima- und Wildverhältnisse in ihrer Heimat.

Jacobsen

Johan Adrian Jacobsen, am 9. Oktober 1853 auf der kleinen Insel Risö in der Nähe von Tromsö geborener norwegischer Kapitän, arbeitete seit 1877 für Carl Hagenbeck als Agent und Impresario. Er beschaffte und begleitete die meisten Hagenbeckschen Völkerschauen, war aber darüber hinaus auch für das Berliner Völkerkunde-Museum als Sammler von völkerkundlichem Material tätig.

Nach Ankunft der Gruppe um Abraham in Hamburg versäumte Jacobsen, die Inuit gegen die verschiedenen europäischen Krankheiten impfen zu lassen. Alle acht Mitglieder der Gruppe starben innerhalb viereinhalb Monaten an den Pocken.

Noch bis 1929 reiste Jacobsen mehrmals im Auftrag Hagenbecks, um Menschen für die Völkerschauen anzuwerben.

Jacobsen kehrte während des Zweiten Weltkrieges nach Norwegen zurück und starb im Jahre 1947. Sein bedeutender Nachlass befindet sich heute im Hamburger Museum für Völkerkunde.

Labrador

Labrador, eine Halbinsel im Osten Kanadas zwischen der Hudsonbai, dem Atlantik und Sankt-Lorenz-Golf ist Teil von Neufundland, der zehnten Provinz Kanadas – sie gehört erst seit dem 31. März 1949 der Konföderation der kanadischen Staaten an. Vor allem in

Kanada wird unter Labrador nur der festländische Teil der Provinz Neufundland verstanden.

Vermutlich war 986 der Wikinger Bjarni Herjulfson der erste Europäer, der Labrador erblickte. Erst einige hundert Jahre später, im Jahr 1498, erreichte erneut ein Europäer, John Cabot, Labrador. Bis zur Besiedelung Labradors durch die Herrnhuter Missionare im Jahre 1771 (Nain) und die Erschließung durch die Hudson Bay Company verlief das Leben der Inuit in Labrador sehr isoliert und fast ohne Kontakte zu europäischen Kulturen.

Labrador erstreckt sich über eine Fläche von 29.838 km^2 (im Vergleich dazu hat Deutschland eine Fläche von 357.030 km^2). Die Temperaturen im subarktischen Klima schwanken an den Küsten von -40°C im Winter bis zu 0-10°C im Sommer, im Landesinneren wird es im Winter mit bis -48°C noch kälter. Labrador kann in drei Regionen unterschieden werden. Eine Region, die auch den größten Teil ausmacht, bildet das innere Land mit bewaldeten Flächen und Hochplateaus. Die südlichere Region zeichnet sich durch raue, unfruchtbare Küstenstreifen und ein bewaldetes Hinterland aus. In der nördlichsten Küstenregion gedeiht nur noch subarktische, niedrige Vegetation. Die Landschaft ist bergig und mit Fjorden durchzogen. In diesem Teil Labradors lebte auch Abraham Ulrikab mit seiner Familie.

Virchow

In Deutschland begründete Rudolph Virchow (1821–1902), Arzt an der Berliner Charité und Politiker der Deutschen Fortschrittspartei zusammen mit Adolf Bastian (1826–1905) im Jahre 1869 die Berliner Gesellschaft für Anthropologie, Ethnologie und Urgeschichte. Als Mediziner und Politiker galt er als liberal und außerordentlich fortschrittlich. Sein medizinisches Renommee wirkt bis in die heutige Zeit. Politisch ein Gegner Bismarcks engagierte Virchow sich für weit reichende sozialpolitische Reformen.

Seine Tätigkeit als Anthropologe jedoch war bestimmt von der damalig populären eurozentristischen Annahme der Überlegenheit der europäischen Kultur.
Der Wissenschaftler Adolf Bastian definierte die Ethnologie als „die Lehre vom Menschen in seinen geselligen Verhältnissen" und sein Ziel war es „dem gesamten Volke' [...] die Wahrheit ungeschminkt und echt" über seine Erkenntnisse zuzuführen.
Dementsprechend empfand die Wissenschaft ein Bedürfnis, alles über diese Gesellschaften, jene ‚aussterbende Rassen', vor ihrem Untergang zu erforschen. Aber auch das Interesse der Öffentlichkeit schien immens.

Wie aber hat Virchow nun die Inuit „untersucht"? Wie ging er vor? Wie verbindet er das „gewonnene Wissen" mit den vorherrschenden Theorien und Annahmen? Und wo sind die eurozentrischen Annahmen Virchows erkennbar?

Das vorrangige Ziel war das „Sammeln und Schildern von Gegenständen". Und genau dies geschah mit den Inuit: Als „primitive Menschen" erhielten sie einen Objektcharakter, der es Virchow erlaubte, sie zu beobachten und zu vermessen, ohne dabei ihre Empfindungen während dieses Vorganges zu hinterfragen. Die Selbstverständlichkeit seines Handelns allein spricht daher schon für sich. Die Untersuchungen fanden sehr genau und systematisch statt. So hat er die Gesichter der Inuit begutachtet und vermessen, die Länge des Ober- und Vorderarms, sowie die des Ober- und Unterschenkels, die Fußlänge und auch Körpergröße genommen. Diese Beispiele sind allerdings nur ein Ausschnitt aus Virchows messbaren „Referenzpunkten", die bis ins Detail formuliert sind. Auf der Basis dieser Ergebnisse leitete Virchow verschiedene Eigenschaften beziehungsweise Attribute ab, die seine wissenschaftlichen Methoden rechtfertigen beziehungsweise beweisen sollten. Ziel seiner Untersuchungen war es, in diesem Fall die Inuit aus Labrador einer „Rasse" zuzuordnen oder festzustellen, ob sie einer eigenständigen „Rasse" angehören.

Prägnant in Virchows Bericht sind die wiederholten Vergleiche mit Primaten und anderen Tieren. Virchow scheint bestrebt den „Evolutionismus" und die „Stellung der Rassen" an genau diesen Vorführungsobjekten darzustellen. „Wissenschaft" und eine scheinbar schon vorgefestigte Meinung verbinden sich zu einer Gegenüberstellung, die stark zwischen dem „wir" und „sie" unterscheidet:
Es werden Verbindungen zwischen der Hautfarbe und der Rasse geknüpft. Die Graduierung, die in dem Vortrag Virchows zwischen den Hautfarben vorgenommen wird, bestärkt die hochmütige Annahme der kulturellen Überlegenheit, denn nur bei der „dunklen Rasse" werden pejorative Vergleiche herangezogen. Die klaren Abgrenzungen und binären Strukturen zwischen dem „Wir" und den „Anderen" reflektieren einen stark eurozentrisch geprägten Standpunkt bei Virchow, der dem Zeitgeist entsprach.

Nachwort und Dank, oder: habent sua fata libelli

von Hartmut Lutz

Ein kleines lateinisches Sprichwort, *habent sua fata libelli*, besagt, dass auch kleine Bücher ihr Schicksal bzw. ihre eigene Geschichte haben. Das gilt auch für dieses Buch. Und da in der Geschichte dieses Buches die Namen all jener Menschen auftauchen, denen für ihren Beitrag zur Entstehung des *Tagebuch des Abraham Ulrikab* zu danken ist, möchte ich statt eines Nachwortes die Entstehungsgeschichte des vorliegenden Bandes erzählen.

1987 unternahm ich erstmalig eine Forschungsreise durch Kanada. In London, Ontario, genoss ich die Gastfreundschaft der Kollegin Robin McGrath, die eine Pionierin bei der Erforschung der Literatur der kanadischen Inuit ist. Großzügig und hilfsbereit teilte die Kollegin ihr Wissen (und mehrere ihrer Bücher) mit mir, darunter die von ihr herausgegebene Sammlung von Inuit Literatur, *Paper Stays Put* (1980), die von dem damals noch jungen Inuit-Künstler Alootook Ipellie illustriert worden war, dessen beeindruckenden Grafiken und Gedichten ich seither immer wieder begegnet bin. Robin McGrath gab mir auch eine Kopie des grundlegenden Aufsatzes von J. Garth Taylor „An Eskimo Abroad, 1880: his Diary and Death," über den Besuch von acht „Labrador-Eskimo" in Europa, die hier alle an den Pocken verstarben. Der Aufsatz war 1981 im *Canadian Geographic* veröffentlicht worden, und er enthält auch einige Auszüge aus Abrahams Tagebuch, die von der Frau des Geographen, Dr. Helga Taylor, aus dem Deutschen ins Englische übersetzt worden waren. Dieser Artikel war damals der erste und einzige, der zu diesem Thema auf Englisch in Kanada erhältlich war. In den beiden ersten kanadischen Werken zur Literaturgeschichte der Inuit gibt es zwar Verweise auf Abrahams Tagebuch, das als erster autobiographischer Text eines Inuit-Autors gilt[1], aber die wissenschaftlichen Erwähnungen gehen nicht über Zitate aus Garths Aufsatz hinaus. Es fehlte also eine Gesamtübertragung des Tagebuchs aus dem Deutschen ins Englische. Der Text

[1] Robin McGrath. *Canadian Inuit Literature: The Development of a Tradition.* Canadian Ethnology Service Paper No. 94 (Ottawa: National Museums of Canada, 1984) 4; Penny Petrone, ed. *Northern Voices: Inuit Writing in English* (Toronto: University of Toronto Press, 1988) 109-112.

war zunächst wohl in Innutut, der Sprache „der Labrador-Eskimos" verfasst und dann von dem Missionar Bruder Kretschmer ins Deutsche übertragen worden. Zudem ist Kretschmers handschriftliches Manuskript in der alten deutschen Schreibschrift verfasst, die heute nur noch Wenige lesen können. Beim Abschied fragte mich daher die kanadische Kollegin: „Hartmut, wouldn't a translation of Abraham's diary be a project for you?" Damit hatte Robin McGrath ein Projekt angeregt, dass zwanzig Jahre später über den Umweg des Kanadischen nun auch zu einer Ausgabe auf Deutsch geführt hat. Zwar hatte ich Interesse an der Literatur der Indigenen Völker Nordamerikas und besaß die notwendigen Sprach- und Schriftkenntnisse, aber mir fehlte damals die erforderliche Zeit.

Zurück in Osnabrück, damals BRD, schrieb ich dennoch an das Unitäts-Archiv der Brüdergemeine in Herrnhut, damals DDR, und erhielt binnen kurzer Zeit eine freundliche Antwort und schließlich eine ganze Anzahl sorgfältig mit Quellenangaben versehener Fotokopien von Briefen und Protokollen aus der Brüdergemeine über die Reise der acht Besucher aus Labrador. Die erhaltenen handschriftlichen Materialien las ich mit Interesse – später gab ich sie auch an die Hamburger Ethnologin Hilke Thode-Arora weiter – und anlässlich der Eröffnung einer kanadischen Inuit-Fotoausstellung an der Universität Osnabrück, welche von Walter Larink von der Kanadischen Botschaft in Deutschland zu uns gebracht worden war, sprach ich über Abraham und die Inuit-Gruppe aus Labrador, und ich fragte, wie viele ähnliche Geschichten wohl noch in Missionsarchiven schlummern könnten, deren Erschließung deutschen Studierenden, die ihren Abschluss in Englisch machen wollten, einen guten Forschungsgegenstand bieten würden.

Am nächsten Morgen kam Renate Jütting, eine Lehramtsstudentin, zu mir ins Büro und erklärte, sie habe sich entschlossen, ihre Examensarbeit über das Thema *Abrahams Tagebuch* zu schreiben. Wir wurden uns schnell einig, und sie machte sich später mit Entschlossenheit, Umsicht und Durchhaltevermögen ans Werk. Von den

Moriavian Archives in Bethlehem, Pennsylvania bekam sie eine Kopie der handgeschriebenen deutschen Übersetzung des Tagebuchs durch Kretschmer, und im Jahr 1994 erhielt sie auch das Copyright für eine englische Übersetzung. Ihre Abschlussarbeit, *Das Tagebuch des Abraham als Beispiel erster Inuit-Literatur* (1991), bot zum Teil den historischen Hintergrund für die Einführung in diesem Buch. Dadurch war jedoch das Problem, das Tagebuch des Abraham auf Englisch in Nordamerika verfügbar zu machen, noch nicht gelöst, und es blieb die ganze Zeit das Gefühl, dass die Geschichte auch in Labrador erzählt werden müsse. Ein Brief bezüglich dieses Planes an den Inuit Tapiirisat in Ottawa wurde nie beantwortet, und ein erneuter persönlicher Versuch im Jahr 2003 beim Inuit Tapiriit Kanatami schlug ebenfalls fehl.

Im Sommer 1998 hatten meine Frau und ich die Möglichkeit Happy Valley-Goose Bay in Labrador zu besuchen und dort die bereits betagte Doris Saunders zu treffen, die Gründerin und Herausgeberin des Magazins *Them Days*, welches auf die Veröffentlichung der regionalen mündlichen und schriftlichen Überlieferung spezialisiert ist. Wir sprachen mit ihr über die Möglichkeit einer Veröffentlichung von Abrahams Tagebuch in *Them Days*, und sie bekundete ihr Interesse.

Dem entsprechend bot ich im Sommersemester 2002 am Institut für Anglistik/Amerikanistik der Universität Greifswald ein Hauptseminar an mit dem Titel „Translating, Publishing, and Editing a Marginalized Voice, *Das Tagebuch des Abraham*, into English." Die teilnehmenden Studierenden und ich beschlossen, alle uns zugänglichen deutschen Quellen für eine Veröffentlichung in *Them Days* ins Englische zu übertragen. Dafür benutzten wir Renate Jüttings Kopie des Originalmanuskripts von Bruder Kretschmer. Zusätzlich fanden Studierende zeitgenössische Zeitungsartikel und führten in kleineren Gruppen Forschungen über Inuit-Autobiographien, Hagenbecks Völkerschauen und Rudolph Virchows Völkerkunde durch. Einige Briefe mussten zunächst aus der handgeschriebenen deutschen Schrift in eine moderne Schriftart transkribiert werden, um für die

Übertragungen ins Englische einen den Studierenden zugänglichen Text zu haben. Von den Studierenden hatte keine(r) jemals gelernt, die deutsche Schreibschrift des 19. Jahrhunderts zu lesen; aber ich hatte ein halbes Jahrhundert zuvor in der Schule noch eine Einführung in diese Schreibweise erhalten und hatte privat versucht, diese ästhetisch ansprechende aber weniger praktische und daher veraltete Kulturtechnik aufrecht zu erhalten. Nicht alle Handschriften waren jedoch klar lesbar, doch Dank einer Konsultation mit meinem Greifswalder Historiker-Kollegen Werner Buchholz waren wir in der Lage, selbst den am wenigsten lesbaren Brief Bruder Kretschmers zu entschlüsseln und zu transkribieren.

Die Greifswalder Studierenden arbeiteten mit Elan und Durchhaltevermögen auch noch in den Semesterferien 2002 an dem Projekt, und während wir in Greifswald mit den Forschungen und den Übersetzungen beschäftigt waren, hielt ich per Email Kontakt mit Doris Saunders, die trotz gesundheitlicher Probleme und vieler anderer Verpflichtungen damit begann, das Manuskript zur Veröffentlichung vorzubereiten. Doch dann entschied sich *Them Days* urplötzlich und für uns vollkommen überraschend gegen eine Veröffentlichung und schickte uns das Manuskript zurück.[2] Damit waren die monatelange Arbeit und der Eifer der Studierenden jäh zunichte gemacht, und ebenso unsere Hoffnung, dass das Tagebuch des Abraham nach Labrador zurückkehren würde. Um die Enttäuschung ein wenig zu dämpfen „versprach" ich den Studierenden, dass ich „das Ding noch irgendwie in Kanada herausbringen würde" – aber ich hatte damals nicht die geringste Ahnung, wie das geschehen sollte. Zum Glück „fügen" sich die Dinge jedoch bisweilen wie von selbst. 2003 gewann ich den John G. Diefenbaker Preis der kanadischen Regierung – und dafür danke ich hier nochmals ganz herzlich jenen, die mich für die Auszeichnung nominierten: Wladimir Krysinski und Anne Brisset, Chad Gaffield, Parker Duchemin, Peter Kulchyski und Stephen Scobie! Über diese Preisverleihung erschienen Artikel in Berichten der Deutschen Botschaft in Ottawa und der Kanadischen Botschaft in Berlin, die im Nachhinein das

[2] Wie ich jedoch später durch Dr. Rainer Baehre – einem Historiker am Grenfell College, Memorial University zu Corner Brooke, Neufundland – erfuhr, wurden Kopien unserer Übersetzung an Außenstehende herausgegeben. Dr. Baehre forscht über Virchow und unterstützte mich mit wertvollen Informationen und Material. An dieser Stelle möchte ich mich noch einmal herzlichst bedanken. In der Tat: *habent sua fata libelli!*

Abraham-Projekt beförderten, weil die Nachstehenden daraufhin mit mir in Kontakt traten.

Ungefähr drei Monate vor meiner Abreise nach Kanada erhielt ich einen Brief von einem Professor der Carleton Universität in Ottawa, der durch den Botschaftsbericht von meiner Tätigkeit in Greifswald erfahren hatte. Roger Herz-Fischler, ein Experte auf dem Gebiet der Geschichte der Mathematik, hatte beim Archiv unserer alten Greifswalder Universitätsbibliothek nach Material über Adolph Zeising, einen deutschen Intellektuellen aus dem 19. Jahrhundert, der über den Goldenen Schnitt forschte und schrieb, gebeten, doch die elektronische Datenübertragung des Materials hatte nicht funktioniert. Mit Hilfe des Bibliotheksdirektors und der Studentin Andrea Mages, die auch am Abraham-Projekt mitgearbeitet hatte, war es mir möglich ihm die benötigten Kopien nach Ottawa mitzubringen. Inzwischen ist Roger Herz-Fischlers Buch Adolph Zeising: *The Life and Work of a German Intellectual* erschienen. Es waren Roger Herz-Fischlers Darstellungen zu Zeisings Studien der Phrenologie, die mir die Augen öffneten für den fatalen ideologischen und geschichtlichen Zusammenhang zwischen der neo-klassischen Besessenheit mit idealen Proportionen des menschlichen Körpers nach dem Vorbild griechischer und römischer Skulpturen und Virchows Forschungen nach einer „rassischen" Taxonomie menschlicher Körperproportionen im Vergleich von „Eskimos," Asiaten und Europäern. Sowohl ein Neoklassiker wie Zeising als auch der Pionier der Völkerkunde in Deutschland, der hervorragende Arzt und progressive Sozialreformer Virchow, gingen von einem körperlichen Ideal aus, gemessen an dem alle „Abweichungen" als minderwertig erscheinen mussten.

Ungefähr einen Monat vor meiner Abreise nach Ottawa erhielt ich einen Anruf, der das Abraham-Projekt grundlegend fördern sollte. Eine Dame, deren Akzent eindeutig aus meiner norddeutschen Heimat kam, fragte: „Spreche ich mit Professor Hartmut Lutz?" –„Ja, am Apparat." – „Haben Sie gerade den Diefenbaker Preis zur Durchführung von Studien über die Literatur der kanadischen Ureinwohner gewonnen?" „Ja." „Und Sie beabsichtigen nach Ottawa zu gehen?" – „Ja." – „Und Sie sind in Rendsburg geboren?" „Jau," sagte ich fast auf Platt. – „Gaud," antwortete sie zunächst ebenso, und fuhr dann fort: „Ich heiße Marga von der Linden. Ich bin auch aus Rendsburg, und mein Bruder, Hans-Ludwig Blohm, lebt in Ottawa. Er ist Fotograf und liebt den Norden und seine Völker. Er hat ein Buch über den Norden gemacht, welches wir gerade in unserem Verlag ins Deutsche übersetzt und veröffentlicht haben. Es heißt *Die Stimme der Ureinwohner*. Ich schicke Ihnen ein Exemplar. Sie müssen sich mit ihm treffen! Und noch eine Frage: Waren Sie in Rendsburg bei den Pfadfindern?" – „Nö, ich war mal bei der Jungenschaft." – „Das ist ja auch gut. Tschüss!" – Einige Tage später erhielt ich Blohms wunderschönes Buch, und während meines Jahres in Ottawa, wurden Hans-Ludwig Blohm, der Arktis-Fotograf aus Rendsburg, und seine Frau, Ingeborg Blohm, die Malerin aus dem benachbarten Büdelsdorf, und ich Freunde, die zusammen im fernen Kanada gemeinsam Plattdütsch sprechen konnten. Später stiftete Hans-Ludwig Blohm einige seiner herausragenden Bilder aus Labrador über die Spuren der Herrnhuter in Hebron für die kanadische Ausgabe unseres Abraham-Buches.

Im Februar 2004 kam ich dann an das Institut für Kanada-Studien der Universität Ottawa. Hans-Ludwig Blohm tauchte schon drei Tage später fröhlich in meinem Büro auf, und wenige Tage später brachte er mich mit Alootook Ipellie in Kontakt. Auch hier eine „Fügung": Bevor ich nach Kanada gekommen war, hatte ich einen Artikel über Abrahams Tagebuch Robin McGrath und Alootook Ipellie gewidmet, nicht wissend, dass ich ihm einmal persönlich begegnen würde.[3] Heute ziert Alootook Ipellies Zeichnung der Abraham Familie den Umschlag dieses Bandes (Im Frühsommer 2006 bereisten Blohm und Ipellie gemeinsam drei Wochen lang Deutschland, wo sie an Universitäten, in Rathäusern und in Buchhandlungen ihre Werke vorstellten und Vorträge hielten.).

Das Institut für Kanada-Studien der Universität Ottawa veröffentlicht ein kleines Bulletin, *Initiatives*, und darin erschien nach meinem Eintreffen ein kurzer Artikel, in dem auch stand, das ich neben meinem ei-

[4] Hartmut Lutz. „Unfit for the European Environment: The Tragedy of Abraham Ulrikab and Other Inuit from Labrador in Hagenbeck's Völkerschau, 1880-81." *Canadian Environments: Essays in Culture, Politics and History*, eds. Robert C. Thomsen und Nanette L. Hale. Bruxelles et.al.: P.I.E.-Peter Lang, 2005. 53-70.

gentlichen Forschungsprojekt, der Herausgabe der autobiographischen Schriften des Métis Wissenschaftlers Howard Adams, nach einem Verleger für eine fertige englischsprachige Übersetzung des frühesten Inuit-Tagebuchs aus Kanada suchen würde. Ruth Bradley-St-Cyr, damals Direktorin der University of Ottawa Press, las den kleinen Artikel und sagte sich: „Das mache ich!" Sie holte sich das Manuskript, erkannte das Potential von Abrahams Geschichte und betrieb dann die Veröffentlichung unserer Übersetzung mit großem Enthusiasmus. Alootook Ipellie fertigte eine Grafik für den Einband an und verfasste das Vorwort, Hans-Ludwig Blohm stiftete Fotos seiner zwei Jahre zuvor unternommenen Reise nach Labrador, und von Kenn Harper, Autor und Buchhändler aus Iqaluit, erhielten wir für unser Buch eine Fotografie des Inuk Tobias, der Abraham und seine Familie begleitet hatte.

Ruth Bradley-St.-Cyr und der Verlag machten aus unserer Übersetzung einen ansprechenden kleinen Band, *The Diary of Abraham Ulrikab: Text and Context*, der nach seinem Erscheinen im Sommer 2005 in großen Tageszeitungen Kanadas für Aufsehen sorgte und auf dem Ottawa Writers' Festival in der Nationabibliothek feierlich vorgestellt wurde. Unser Bändchen, dessen Honorar wir einer Stiftung für Indigene Studierende in Kanada (Marge and Howard Adams Scholarship Fund) gestiftet hatten, avancierte zum Bestseller der University of Ottawa Press, wurde zu einem der einhundert wichtigsten Bücher Kanadas 2005 gewählt, und fand auch in der Arktis die von uns gewünschten Leser: Kenn Harpers Buchhandlung in Iqaluit, der Hauptstadt der Inuit Provinz Nunavut, hatte den Band in Rekordzeit ausverkauft, und der örtliche Rundfunk berichtete über die Abraham Geschichte. Damit hatten die Greifswalder Studierenden und ich unser Ziel erreicht: Abrahams Geschichte war „nach Hause" zurückgekehrt.

Im Oktober 2005 besuchte uns die Leiterin des Universitätsverlages von Ottawa, Ruth Bradley-St.-Cyr in Greifswald, und mit ihr gemeinsam stellten ehemalige Teilnehmerinnen des Übersetzungsseminars und ich unser Buch der lokalen Öffentlichkeit vor. Doch was jetzt? Nachdem das Tagebuch und seine Kontexte nun in Nordamerika als Buch allgemein zugänglich waren, schien es an der Zeit, die Geschichte Abrahams auch in Deutschland bekannter zu machen, zumal in den letzten Jahren das mediale Interesse an Deutschlands kolonialer Vergangenheit und an Hagenbecks Völkerschauen stark gestiegen ist – nicht zuletzt aufgrund der Arbeiten der engagierten Hamburger Ethnologin Dr. Hilke Thode-Arora.[4]

Der niederrheinische vdL:Verlag unter der Leitung von Marga und Herbert von der Linden, Schwester und Schwager von Hans-Ludwig Blohm, erklärten sich an der Veröffentlichung interessiert, und Kathrin Grollmuß, ehemals Teilnehmerin an dem Übersetzungsseminar, machte sich im Rahmen ihrer Magisterarbeit daran, weitere Materialien aufzuspüren und die vorhandenen Texte für die Veröffentlichung zusammen zu stellen. Das Thema ihrer Arbeit lautete „Ausstellungsgegenstand oder Forschungsobjekt? *The Diary of Abraham Ulrikab als Geschichte und Text in Deutschland.*" Die von ihr als Grundlagenmaterial zusammengestellten Texte bilden die Basis des hiermit vorliegenden Büchleins. Herzlichen Dank, Frau Grollmuß!
Erst nachdem Kathrin Grollmuß die Arbeit aufgenommen hatte, erreichte uns der wichtige Hinweis, dass die bereits genannte Ethnologin Dr. Hilke Thode-Arora 1991 in der kulturwissenschaftlichen Zeitschrift Kea, die mittlerweile leider nicht mehr existiert, einen Aufsatz über die Abraham-Reise veröffentlicht hatte, in dem sie den Tagebuchtext fast vollständig wiedergibt. Außerdem war von ihr noch 2002 im Journal of the Society for the Anthropology of Europe ein englischsprachiger Aufsatz über das Thema erschienen, den in Ottawa weder die Gutachter des Verlages noch ich erfasst hatten, gewiss auch deshalb, weil wir mit unserer Veröffentlichung nie das wissenschaftliche Fachpublikum sondern ein möglichst breites (Inuit) Publikum im Auge hatten. Wir beschlossen also, auch nach Kontakt mit Dr. Hilke Thode-Arora, die unser Projekt sehr freundlich unterstützte, das Buch in seiner jetzigen Form zu veröffentlichen, zumal ihr vor 16 Jahren erschienener Aufsatz nur schwer noch greifbar ist, und weil wir in unserem Buch Kontextmaterialien zugänglich machen, die bislang nicht in diesem Zusammenhang veröffentlicht worden sind.

[5] Hilke Thode-Arora. *Für fünfzig Pfennig um die Welt: Die Hagenbecksch'en Völkerschauen.* Frankfurt am Main, New York: Campus Verlag, 1989.

Zum Schluss möchte ich noch den vielen Menschen danken –in der Einleitung genannt oder ungenannt– die Abraham Ulrikab im Zoo in irgendeiner Weise unterstützt haben. Die Tantiemen werden wiederum der Stiftung Marge and Howard Adams Fund for Aboriginal Students zukommen. Ganz herzlichen Dank schließlich der deutsch-kanadischen „Großfamilie" Blohm/von der Linden, insbesondere Marga und Herbert von der Linden, Hans-Ludwig Blohm und Ragnhild von der Linden, die als sorgfältige Lektorin das Buch mit viel Engagement und Interesse begleitet hat! Ebenso herzlichen Dank an Renate Jütting, Kathrin Grollmuß und meine geduldigen Greifswalder StudentInnen, deren Einsatz wir verdanken, dass das schicksalhafte Wagnis des Abraham Ulrikab und seiner Gefährten auch nach 127 Jahren nicht vergessen wird:

Claudia Albrecht,
Dorothea Buchholz,
Karen Ebel,
Jennifer Felkel,
Kathrin Grollmuß,
Nadine Hiepler,
Karin Hinckfoth,
Jana Jerchel,
Sabine Ihlow,
Martina Lange,
Andrea Mages,
Axel Nieber,
Jana Schnorfeil,
Susanne Rumpoldin,
Verena Sachse,
Anja Weidner und
Susanne Zahn.

Literaturverzeichnis

Bataille, Gretchen M., und Kathleen Mullen Sands (Hrsg.). *American Indian Women Telling Their Lives*. Lincoln: University of Nebraska Press, 1984.

Baudert, Samuel: *Auf der Hut des Herrn. Rückblick auf zweihundert Jahre Herrnhuter Missionsgeschichte.* Lahr: Verlag Ernst Kaufmann, 1952.

Beck, Hartmut. *Brüder in vielen Völkern: 250 Jahre Mission der Brüdergemeine.* Erlangen: Verlag der Ev.-Luth. Mission, 1981.

Blohm, Hans-Ludwig. *Die Stimme der Ureinwohner: Der Kanadische Norden und Alaska.* Wesel: vdL:Verlag M.u.H. von der Linden, 2002.

Buchner, Kurt Oskar. *Sie schlugen Schneisen ins Dunkel der Welt: Zinzendorf und seine Streiter.* Bad Boll: Verlag der Brüder-Unität, 1981.

Byfin, E.I.; Wick, E.Ch. (Hrsg). *Brüder-Almanach. Statistisches Jahrbuch der der evangelischen Brüdergemeine und ihrer Werte.* Königsfeld: Selbstverlag der Herausgeber, 1886.

Campbell, Lydia. *Sketches of Labrador Life.* (Geschrieben 1894 und veröffentlicht im St. John's Evening Telegram, später herausgegeben von ihrer Ur-Ur-Enkelin Doris Saunders, Herausgeberin vom Magazin Them Days). Grand Falls, Neufundland: Robinson-Blackmore, 1980.

Dittrich, Lothar; Rieke-Müller, Annelore. *Carl Hagenbeck – Tierhandlungen und Schaustellungen im Deutschen Kaiserreich.* Frankfurt u.a.: Peter Lang, 1998.

Friedl, Wolfgang. *Die Kultur Ladaks erstellt anhand der Berichte und Publikationen der Herrnhuter Missionare.* Dissertation. Wien 1984.

Feest, Christian D., Hrsg. *Indians and Europe: An Interdisciplinary Collection of Essays.* Lincoln und London: University of Nebraska Press, 1999.

Freeman, Minnie Aodla. *Life Among the Quallunaat*. Edmonton: Hurtig 1978.

Gretzschel, Mathias; Pelc, Ortwin (Hrsg). *Hagenbeck: Tiere, Menschen, Illusionen*. Museum für Hamburger Geschichte, Hamburger Abendblatt. Springer, 1998.

Hagenbeck, Carl. *Von Tieren und Menschen: Erlebnisse und Erfahrungen von Carl Hagenbeck*.41.–49.Tsd., wohlfeile Ausgabe. Berlin-Charlottenburg: Vita deutsches Verlagshaus, 1908.

Harper, Kenn. *Die Seele meines Vaters: Minik – Der Eskimo von New York*. Bremen: Edition Temmen 1991.

Herz-Fischler, Roger. *Adolph Zeising: The Life and Work of a German Intellectual*. Ottawa: Mzinhigan Publishing, 2004.

Jütting, Renate. *Das Tagebuch des Abraham als Beispiel erster Inuit-Literatur*. unveröffentlichte Hausarbeit im Rahmen der ersten Staatsprüfung für das Lehramt Englisch an Realschulen. Osnabrück, 1991.

Lutz, Hartmut. *„Indianer" und „Native Americans"*. Hildesheim: Georg Olms Verlag, 1985.

Lutz, Hartmut."Unfit fort he European Environment: The Tragedy of Abraham and Other Inuit from Labrador in Hagenbeck's Völkerschau 1880/81." *Canadian Environments: Essays in Culture, Politics and History*. Hrsg. Robert C. Thomsen und Nanette L. Hale. Nordic Association of Canadian Studies Texts 22. Aarhus: University of Aarhus English Dept., 2004; 53–70.

Lutz, Hartmut (Hrsg.). *The Diary of Abraham Ulrikab: Text and Context*. Ottawa: University of Ottawa Press, 2005.

McGrath, Robin. *Canadian Inuit Literature: The Development of a Tradition*. Canadian Ethnology Service Paper No. 94. Ottawa: National Museums of Canada, 1984.

Nuligak (Bob Cockney). *I, Nuligak*. hrsg. und übers. v. Maurice Metayer. Illus. Ekootak. Markham, Ontario: Simon and Schuster, 1971.

Petrone, Penny. *Northern Voices: Inuit Writing in English*. Toronto: University of Toronto Press, 1988.

Peyer, Bernd C. *The Tutor'd Mind: Indian Missionary-Writers in Antebellum America*. Amherst: University of Massachusetts Press, 1997

Pitseolak. *Pitseolak: Pictures out of My Life*. hrsg. von Dorothy Eber. Montreal: Design Collaborative Books; Toronto: Oxford University Press, 1978.

Pitseolak, Peter. *People from Our Side: A Life Story*. Photogr. Peter Pitseolak. Oral Biography Dorothy Eber. Edmonton: Hurtig, 1975.

Rivard, Ron und Catherine Littlejohn. *The History of the Métis of Willow Bunch*. Saskatoon: ©Ron Rivard und Catherine Littlejohn, 2003.

Rose, Wendy. "Julia." *Bone Dance: New and Selected Poems 1965–1993*. Tucson und London: University of Arizona Press, 1994, S. 60–62.

Rothfels, Nigel T. *Brin 'em back alive: Carl Hagenbeck and exotic animal and people trades*. Ann Arbor: Mich:UMI, 1994.

Schultze, Adolf. *Abriss einer Geschichte der Brüdermission*. Herrnhut: Verlag der Missionsbuchhandlung, 1901.

Taylor, J. Garth. „An Eskimo abroad, 1880: His diary and death". *Canadian Geographic*: 101.5 (Okt./Nov. 1981): 38–43.

Thode-Arora, Hilke. *Für fünfzig Pfennig um die Welt: Die Hagenbeckschen Völkerschauen*. Frankfurt am Main, New York: Campus Verlag, 1989.

Thode-Arora, Hilke „Das Eskimo-Tagebuch von 1880: Eine Völkerschau aus der Sicht eines Teilnehmers". *Kea. Zeitschrift für Kulturwissenschaften.* Nr. 2 (1991) 87–115.

Thode-Arora, Hilke „Abraham's Diary a European Ethnic Show from an Inuk Participant's Viewpoint". *Journal of the Society for the Antropology of Europe* 2002, Fall/Winter. 149–154

Virchow, Rudolf. „Ausserordentliche Zusammenkunft im Zoologischen Garten am 7. November 1880. Eskimos von Labrador". *Zeitschrift für Ethnologie* 12 (1880): 253–274.

Zur Schau gestellt: Ausgestellte Eskimo in drei Weltteilen. 1899–1901. Herrnhut: Verlag der Missionsbuchhandlung, 1902.

Quelle aus den Moravian Church Archives in Bethlehem, Pennsylvania, USA:

Ulrikab, Abraham. *Tagebuch des Hebroner Eskimos Abraham von seinem Aufenthalt in Europa 1880/81, übersetzt von Br. Kretschmer.* Unveröffentl. Manuskript: Records of the Labrador Mission Stations, 13557–13571

Quellen aus dem Unitätsarchiv der Evangelischen Brüder-Unität in Herrnhut, Deutschland:

Brief an die UAC (Unitäts Ältesten Conferenz) von der Hebroner Conferenz 16.8.1880
Unitätsarchiv der Evangelischen Brüder-Unität, Herrnhut
R 15 K b. 17 h. Nr. 111

Brief an Br. Connor von Br.Kretschmer, Hebron
20. August 1880
Unitätsarchiv der Evangelischen Brüder-Unität, Herrnhut
R 15 K b. 17 h. 114.

UAC-Protokoll 1880,
21. Oktober 1880
Unitätsarchiv der Evangelischen Brüder-Unität, Herrnhut

Brief an Br. Reichel von Br. Elsner
10. November 1880
Unitätsarchiv der Evangelischen Brüder-Unität, Herrnhut
R 19 Bf. 16 b

Ausschnitt aus: Missionsblatt aus der Brüdergemeine,
Nr.12, December 1880, S. 223–226
Unitätsarchiv der Evangelischen Brüder-Unität, Herrnhut

Brief an Br. Reichel von Br. Elsner
18. Januar 1881
Unitätsarchiv der Evangelischen Brüder-Unität, Herrnhut
R 19 Bf 16 b

Protokoll des Missions-Departements 1881,
23. Februar 1881, S. 103
Unitätsarchiv der Evangelischen Brüder-Unität, Herrnhut

Protokoll des Missions-Departments 1881,
24. Februar, S. 107
Unitätsarchiv der Evangelischen Brüder-Unität, Herrnhut

Protokoll des UAC,
Nr. 10 vom 9. April 1881, S.181
Unitätsarchiv der Evangelischen Brüder-Unität, Herrnhut

Ausschnitt aus: Missionsblatt der Brüdergemeine,
Nr.1, 1882
Unitätsarchiv der Evangelischen Brüder-Unität, Herrnhut

Kontextuelle Dokumente

Berliner Börsen-Courier, Berlin, Sonntag, 7.11.1880, Nr. 567, Abendausgabe, Beilage.

Berliner Börsen-Courier, Berlin, Sonnabend, 13.11.1880, Nr. 577, Morgenausgabe, Beilage.

Berliner Börsen-Courier, Berlin, Dienstag, 16.11.1880, Nr. 582, Morgenausgabe, Beilage.

Frankfurter Nachrichten, Frankfurt, 3.12.1880.

Neue Preussische Zeitung, Berlin, 16.10.1880, Nr. 243.

Neue Preussische Zeitung, Berlin, 19.10.1880, Nr.245.

Neue Preussische Zeitung, Berlin, 23.10.1880, No.249.

Werbung „Eskimos" in Neue Preussische Zeitung, Berlin, 24.10.1880, Nr. 250.

Werbung „Eskimos" in Neue Preussische Zeitung, Berlin, 27.10.1880, Nr. 252.

Norddeutsche Allgemeine Zeitung, Nr. 487, 18. Oktober 1880, Abendausgabe.

Norddeutsche Allgemeine Zeitung, Nr. 492, 21.10.1880, S. 2, Morgenausgabe.

Norddeutsche Allgemeine Zeitung, Nr. 496, 23. Oktober 1880, S. 2, Morgenausgabe.

Norddeutsche Allgemeine Zeitung, Nr. 501,26.10.1880, S. 2, Abendausgabe.

Dank

Der Verlag bedankt sich bei Herrn Dr. Rüdiger Kröger vom Unitätsarchiv der Evangelischen Brüder-Unität in Herrnhut, bei Dr. Paul Peucker von den Moravian Archives in Bethlehem, Pennsylvania, für ihre wertvollen Hinweise und hilfreiche Unterstützung.

Für die Zurverfügungstellung ihrer Fotos danken wir außerdem Herrn Hans-Ludwig Blohm, Ottawa, Herrn Dr. Denis St-Onge, Ottawa sowie Herrn Kenn Harper, Iqaluit, Nunavut.

Herrn Stephan Augustin, Kustos des Völkerkundemuseums Herrnhut, sind wir dankbar für die Möglichkeit, das Buch erstmals in der Öffentlichkeit im Museum in Herrnhut vorstellen zu dürfen.

vdL: Verlag

Hebron, Labrador, heute
Fotos von Hans-Ludwig Blohm und Dr. Denis St-Onge

Nakvak Fjord, © Hans-L. Blohm

Hebron Sept. 15. 2005, © Dr. Denis St-Onge

Hebron Sept. 15. 2005, © Dr. Denis St-Onge

Hebron, Blick mit Blumen, © Hans-L. Blohm

Hebron, Missionskirche im Hintergrund, © Hans-L. Blohm

Hebron, Missionskirche Kamin, © Hans-L. Blohm

Hebron, Blaue Tür, © Hans-L. Blohm

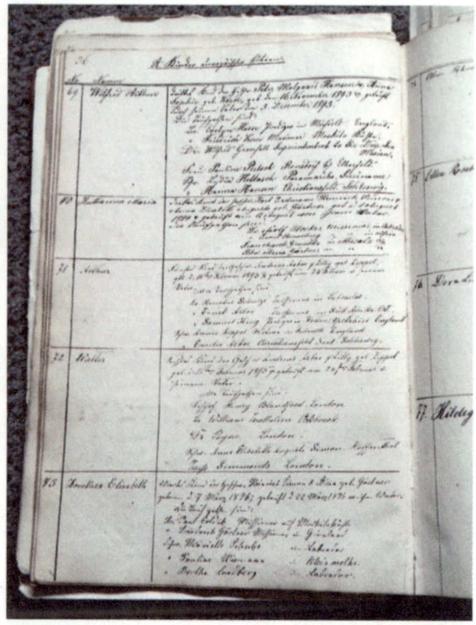
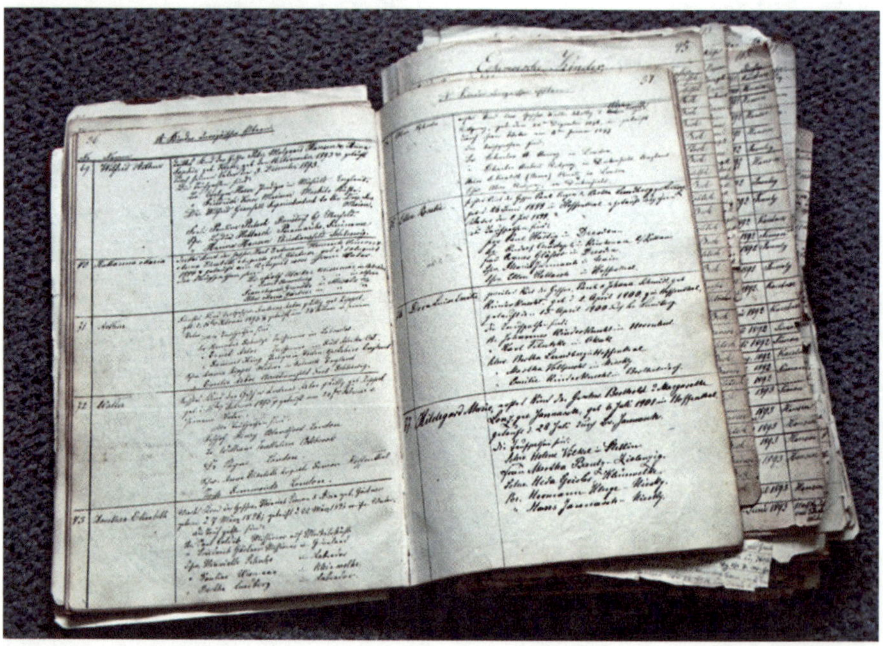
Kirchenbuch von Hebron, © Hans-L. Blohm

Martha Winter-Abel (Local Labrador Inuit Associaion Representative) in Hopedale mit dem Kirchenbuch von Hebron, © Hans-L. Blohm

Grabstelle der Missionare, Ramah Bay 1993, © Hans-L. Blohm

Offenes Inuk-Grab, Ramah Bay 1993, © Hans-L. Blohm

Zwischen Nebel und Eisbergen zur aufgegebenen Siedlung „Hebron". © Hans-L. Blohm

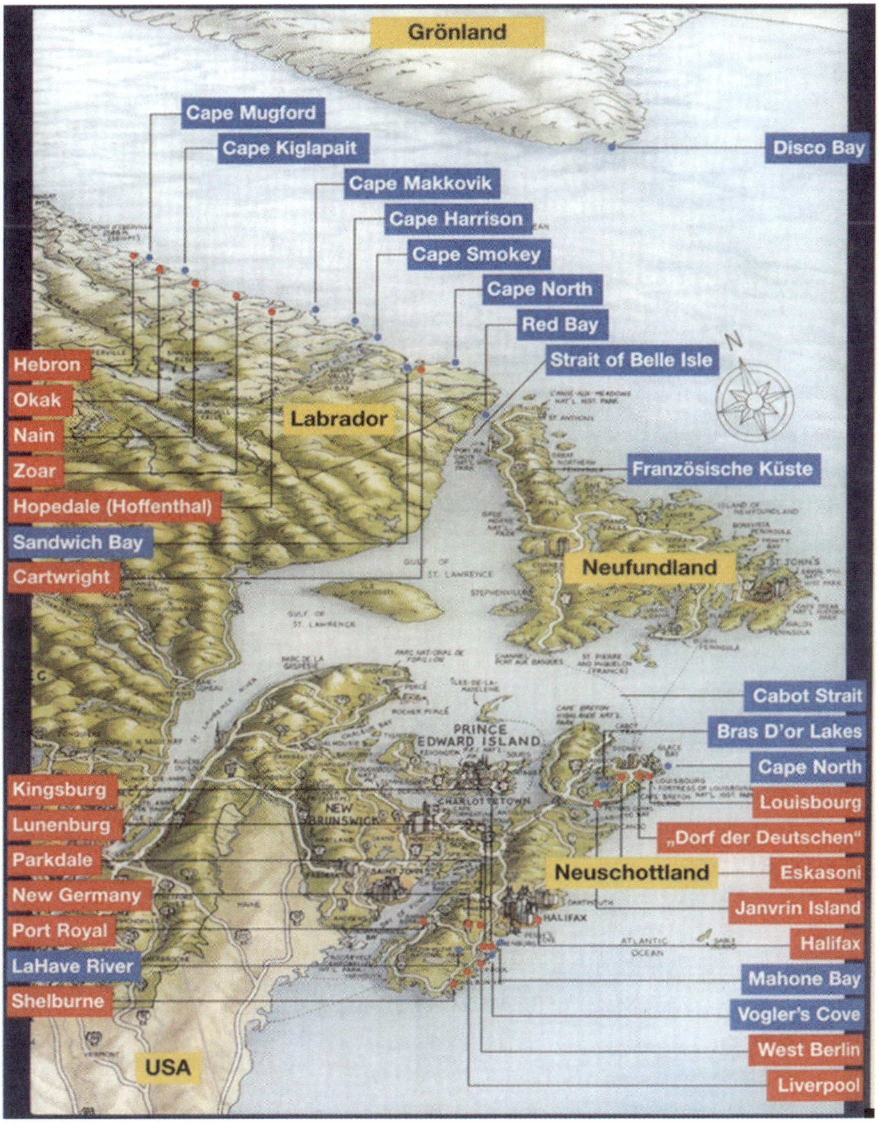

Deutsche Siedlungen in Ost-Kanada (Karte Herkunft unbekannt)

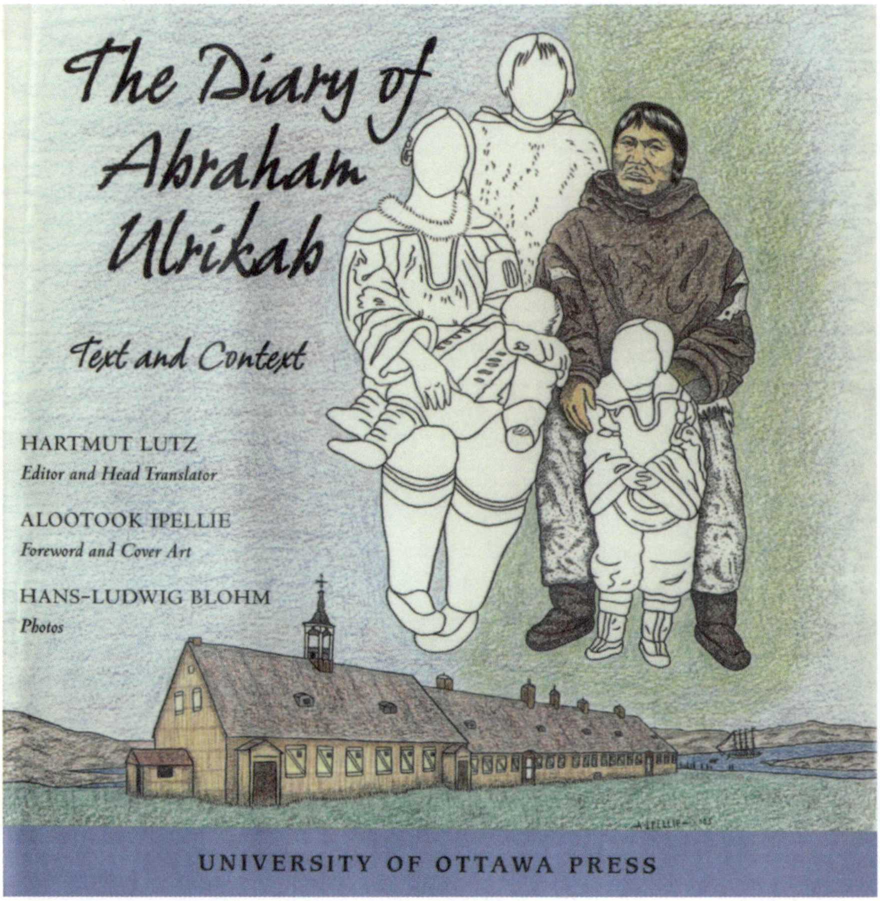
The Diary of Abraham Ulrikab
Text and Context
HARTMUT LUTZ
Editor and Head Translator
ALOOTOOK IPELLIE
Foreword and Cover Art
HANS-LUDWIG BLOHM
Photos
UNIVERSITY OF OTTAWA PRESS

Die Stimme der Ureinwohner
Der KANADISCHE NORDEN und ALASKA
von Hans-Ludwig Blohm, einem deutschen Auswanderer, der als bekannt meisterlicher Fotograf dieses faszinierende Buch über die Menschen und das Land der Inuit und der nördlichen Indianer geschaffen hat.
Essays führender Persönlichkeiten der Inuit und der Indianer, Reiseberichte, Interviews, Gedichte sowie historische Fotoaufnahmen runden 127 wunderschöne Farbfotografien aufs Eindruckvollste ab.
305 x 228 mm, 208 Seiten, gebunden in blaues Leinen mit Goldprägung, 127 mehrheitlich ganzseitige Farbfotos von Hans-Ludwig Blohm, 40 S/W-Fotos aus National-Archiven.
ISBN 3-926308-07-9 · 49,80 €
VON DER LINDEN
vdL:Verlag
M.u.H. von der Linden GbR
Postfach 46465 • 46483 Wesel/Germany
Tel. +49 (0) 281 33830-0
Fax +49 (0) 281 3383030
email: service@vonderlinden.de